Selbstbewusstsein

Knigge 2100

Ich bin! – Ich kann! – Ich will!
Das eigene Leben bestimmten,
Soft Skills, The Winner 1

Horst Hanisch

Bibliografische Information der Deutschen Nationalbibliothek: Die Deutsche Nationalbib-liothek verzeichnet diese Publikation in der Deutschen Nationalbibliografie; detaillierte bibliografische Daten sind im Internet über dnb.dnb.de abrufbar.

Der Text dieses Buches entspricht der neuen deutschen Rechtschreibung.

Aus Gründen der einfacheren Lesbarkeit wird auf das geschlechtsneutrale Differenzieren, zum Beispiel Mitarbeiter/Mitarbeiterin weitestgehend verzichtet. Entsprechende Be-griffe gelten im Sinne der Gleichbehandlung für alle Geschlechter.

Idee und Entwurf: Horst Hanisch, Bonn

Lektorat: Alfred Hanisch †, Bonn; Annelie Möskes, Bornheim (ab Auflage 3)

Buchsatz: Guido Lokietek, Aachen; Horst Hanisch, Bonn

Umschlag: Christian Spatz, Köln, engine-productions; Horst Hanisch, Bonn

Fotos/Zeichnungen: alle Winni-Zeichnungen: Jan Ried, Frankfurt, alle anderen Zeichnungen: Horst Hanisch, Bonn

Herstellung und Verlag: BOD – Books on Demand, Norderstedt

ISBN: 978-3-7526-2418-2

Selbstbewusstsein Knigge [2100]

Ich bin! – Ich kann! – Ich will!

Das eigene Leben bestimmten, Soft Skills, The Winner 1

Horst Hanisch

Hinweis zum Selbst-Coaching

Im klassischen Coaching sitzen Coach und Coachee einander in mehreren Sitzungen gegenüber. Ziele werden gesetzt, Strategien vereinbart und Übungen umgesetzt. Der Coachee ist eingeladen, am gedanklichen Austausch zu Modellen und Fallbeispielen teilzunehmen.

Im Selbst-Coaching, wozu dieser Ratgeber gut geeignet ist, sparen Sie das Honorar für den Coach, sowie eventuelle Fahrtkosten zu den Treffen.

In diesem Buch übernimmt das Fabelwesen Winni die Rolle des Coachs. Er gibt seinem Coachee (hier Sigi) Tipps und Aufgaben, bringt Modelle ein, regt zum Nachdenken und Reflektieren an.

Im Selbst-Coaching können Sie seinen Ausführungen folgen und entsprechend handeln.

Ihr mögliches Ziel: Das Selbstbewusstsein ausbauen.

Ihre Strategie: Die vorgeschlagenen Übungen umsetzen und Anregungen durchdenken und – auf Ihre Bedürfnisse angepasst – befolgen.

Guten Erfolg.

Inhaltsverzeichnis

Vorwort

Bescheiden können nur die Menschen sein, die genug Selbstbewusstsein haben.
Gabriel Laub, pol. Aphoristiker
(1928 - 1998)

Sich seiner selbst bewusst sein

Liebe Leserin, lieber Leser, herzlich willkommen zum vorliegenden Thema ‚Selbstbewusstsein'. Vielleicht benutzen Sie dieses Buch zum Selbst-Coaching oder ‚einfach nur so' zum Durchblättern?

Sie werden auf Winni treffen, den ich Ihnen hier vorstellen darf.

Winni ist ein fiktives, freundliches Wesen und gleichzeitig die Hauptfigur im vorliegenden Buch. Winni erscheint eines schönen Tages Sigi.

Winni begleitet Sigi mehrere Tage lang durch seinen Alltag und gleichzeitig den Leser durch die verschiedenen Kapitel, die zum Themenbereich „Selbst-bewusstsein", also zum „Selbst-bewusst-sein" zählen.

Im Dialog führt Winni ‚spielend' Sigi zum gut ausgebauten Selbst-bewusst-sein. Verschiedene Übungen beziehen Sie, die Leserin, den Leser aktiv mit ins Geschehen.

Lassen Sie sich entführen in die Dialoge der beiden Charaktere. Verfolgen Sie, wie sich verschiedene Themenbereiche ergänzen, um sich dem Thema Selbst-bewusst-sein unverkrampft zu nähern.

Ziel des Buches ist, dem interessierten Leser zu zeigen, wie er auf andere wirkt, wie er sich positiv darstellt, wie er bestimmte Fallen geschickt umgeht, wie er realistische Ziele aufbaut und den Weg vorbereitet, um selbst-bewusst aufzutreten.

Immer wieder zeigt sich, dass im privaten wie auch im beruflichen Leben Menschen, die selbstbewusst – aber nicht aggressiv – auftreten, leichter ihr Gegenüber überzeugen können.

In zahllosen Seminaren, Trainings und Coachings haben wir die einzelnen in diesem Buch vorkommenden Übungen trainiert und Themen konkretisiert.

Um mit den sogenannten Soft Skills beziehungsweise den sozialen Kompetenzen überzeugt und überzeugend aufzutreten, bedarf es eines gewissen Eigenstudiums. Dabei helfen die Hinweise, Aufgaben und kleinen Übungen im vorliegenden Buch.

Ich empfehle Ihnen, den Text von vorn nach hinten durchzuarbeiten und die Übungen auch tatsächlich umzusetzen, bevor Sie die Lösungsvorschläge lesen. Nehmen Sie sich die Zeit dafür, wenn Sie eigene Erkenntnisse erzielen wollen.

Dann kann optimal ein Aha-Effekt entstehen und ein Verständnis zur eigenen Persönlichkeit aufgebaut werden.

Ihnen, liebe Leserin, lieber Leser, wünsche ich viel Spaß und neue Erkenntnisse beim Selbst-Coaching. Ich übergebe das Wort an Winni.

Horst Hanisch

Gedanken zur aktuellen Auflage

Zwischen Intro- und Extraversion

Menschen reifen heran und machen sich Gedanken. Gedanken zu ihrer Stellung in der Gesellschaft, zu ihrer Position in sozialen Gruppen, in denen sie zu tun haben. Manche Menschen sind extravertiert, also nach außen hin offen. Andere leben und verhalten sich eher introvertiert, also nach innen gerichtet. Und zwischen diesen beiden Ausprägungen befinden sich endlos viele Zwischenstufen beziehungsweise Schattierungen. Das macht die Vielfalt menschlicher Individuen und das Zusammenleben mit anderen interessant.

So weit ist alles gut. Nun gibt es aber eine große Anzahl von Menschen, die liebend gern ein größeres Selbstbewusstsein hätten. Lassen Sie uns hierbei und hierzu das Wort Selbstbewusstsein im Sinne von sich-seiner-selbst-bewusst-sein betrachten. Der Aus- oder Aufbau von Selbstbewusstsein scheint ganz einfach möglich, wenn die drei in diesem Buch gestellten Fragen beantwortet werden können:

- Wer bin ich? - Was kann ich? - Was will ich?

Der Mensch als solcher unterscheidet sich von vielen Tieren durch sein ausgeprägtes Selbstbewusstsein und die Fähigkeit, selbstbestimmt agieren zu können. Ich weiß, dass ich bin, dass ich existiere. Und gleichzeitig weiß ich, dass ich früher nicht war und später auch nicht mehr sein werde.

Mache ich mir Gedanken über meine Stärken und Schwächen, dann weiß ich auch, was ich kann. Und gleichzeitig weiß ich auch, was ich nicht kann. Ich erkenne meinen eigenen Stellenwert im beruflichen und privaten Umfeld.

Durch den Vergleich mit und zu anderen erkenne ich, wer etwas besser kann als ich selbst. Je nachdem, an wem ich mich messe, erhalte ich einen Anreiz, meine Fähigkeiten auszubauen und mein Verhalten zu optimieren: Ich werde aktiv, ich handele, ich setze mir Ziele. So komme ich zur dritten Frage, nämlich der, was ich will. Und dabei bleibe ich nicht nur bei einem Wunsch oder Willen stehen, sondern ich handele. Es müsste noch ein vierter Leitsatz angehängt werden. Nämlich: Ich werde!

- Ich bin! - Ich kann! - Ich will! - Ich werde!

Erlauben Sie einen Hinweis auf das Folgebuch ‚Selbstwertgefühl-Knigge [2100] – Steh auf! Werde aktiv! Zeige Profil! – The Winner 2' und auf ‚Selbstoptimierung-Knigge [2100] – Optimistischer, Attraktiver Authentischer – The Winner 3'. Sie führen die Gedanken aus ‚The Winner 1' fort, nachdem unser Protagonist Sigi selbstbewusst wurde und sich nun motiviert ins Tagesgeschehen werfen wird.

Liebe Leserin, lieber Leser, werden Sie in diesem Sinne aktiv. Steigern Sie Ihr Selbstbewusstsein und werden Sie zum Gewinner, zum Winner.

Grußwort

Wenn ich nicht Alexander wäre, so würde ich Diogenes sein.
Alexander der Große, makedonischer Herrscher
(356 - 323 v. Chr.)

Mein Vater wird noch die ganze Welt erobern und mir nichts zu tun übriglassen

Aber nein: Denn mein Vater, Philipp II., König von Makedonien, sagte mir, als ich noch ein Junge war: „Geh, mein Sohn, suche dir ein eigenes Königreich, das deiner würdig ist. Makedonien ist nicht groß genug für dich" (Plutarch, Alexander, 6). Er hatte Recht.

Also zügelte ich mein Pferd Bukephalos, das mich viele Jahre später bis nach Indien treu begleitete und zog in die Ferne, um ein Weltreich zu gründen.

Allerdings ließ ich mich vorher, als Jugendlicher, sehr gut ausbilden. Ich ließ mich vom berühmtesten griechischen Philosophen meiner Zeit, Aristoteles, in Philosophie, Kunst und Mathematik unterrichten. Damit erhielt ich Einblicke in andere Denkweisen und in logische Zusammenhänge. So gelangte ich schon sehr früh zu relativ großem Wissen, aber auch zu einem beneidenswerten Selbstbewusstsein.

Nachdem mein Vater ermordet wurde, übernahm ich mit gerade 20 Jahren seinen Thron. Es war mir klar, welch bedeutende Stellung ich damit eingenommen hatte. Meiner Stärken und auch Schwächen bewusst, war mir ebenso klar, dass ich sofort Ruhe in der Umgebung und innerhalb meines Königreiches schaffen musste, was mir auch erfolgreich gelang.

Dann ging es richtig los. Ich drang in das riesige Reich der Perser ein. Mein Heer folgte mir jahrelang über unendliche Weiten. Immer hatte ich das Ziel vor Augen, bis ans Ende der Welt zu gelangen. Dieses Ziel trieb mich Tag und Nacht an. Und so hatte ich es bis nach Indien geschafft. Ich erreichte ein Land, das keiner meiner Untertanen, bis zu diesem Tage, je gesehen hatte. Großartig!

Damit mein Reich möglichst lange als solches erhalten bleiben konnte, veranlasste ich Massenhochzeiten, bei denen mehrere tausend persische Frauen mit meinen Soldaten verheiratet wurden. Ich verfolgte damit das Ziel, Persien mit Makedonien zusammenwachsen zu lassen. Ich selbst heiratete auch – was machte es aus, dass ich dreimal verheiratet war – allerdings zur gleichen Zeit.

Ich habe erkannt: Jeder, der weiß, was er will, kann erreichen, was er will. Wer seine Freunde und Feinde gut einschätzen kann, wer sich Gedanken über sein eigenes Ich macht, kann erfolgreich sein. Es sind nicht nur die materiellen Dinge, die zählen. Auf dass es noch viele weitere Gewinner in diesem Sinne geben werde!

Alexander III., genannt Alexander der Große

Teil 1
Wer bin ich?

1. Winni erscheint

„Hallo Sigi, aufstehen!"

Ich schlief.

„Hallo Sigi, es ist Zeit!"

Ich träumte.

„Halloo!"

Schlafe ich oder träume ich? Langsam blinzelte ich ins Sonnenlicht.

„Na, gut geschlafen?"

Wer spricht mit mir? Langsam erkannte ich jemanden vor mir. Wer ist das? Ich fragte: „Wer bist du?"

„Ich bin Winni, guten Morgen. Wie geht es dir, Sigi?"

„Mir geht es gut."

Wer ist Winni?

„Wer bist du, Winni?"

„Ich bin Winni, ein Fabelwesen deiner Fantasie!"

„Also du bist nicht real?"

„Für dich schon."

„Aha." Ich dachte nach. Nur für mich real. Und für andere? „Können andere Menschen dich wahrnehmen?"

„Nein, natürlich nicht. Ich bin nur für dich da!"

„Nur für mich?"

Ich dachte angestrengt nach. „Und warum nur für mich?"

„Weil ich dir helfen werde, dein Selbst-Bewusst-Sein zu entfalten."

Bumm. Das saß. Woher wusste Winni über mein schwaches Selbst-Bewusst-Sein?

Winni schien meine Gedanken zu lesen, denn er sagte: „Ich weiß das, weil ich ein Produkt deiner eigenen Fantasie bin. Im Unterbewusstsein ist dir ja wohl klar, dass dein Selbst-Bewusst-Sein eher schwach ausgeprägt ist!"

„Ja, das stimmt!", murmelte ich.

„Noch etwas: Ich werde dir helfen, selbstbewusster durchs Leben zu schreiten. Einverstanden?"

Kurz überlegte ich. Was hatte ich zu verlieren?

„Nichts hast du zu verlieren!", fügte Winni hinzu. Er schien wirklich meine Gedanken lesen zu können.

„Oh", antwortete ich, „ich will etwas an mir ändern. Ich freue mich, dass du mir dabei helfen willst. Auf geht's! Was soll ich tun?"

2. Was ist Selbst-Bewusst-Sein

Wir saßen beim Frühstück.

„Was verstehst du unter Selbst-Bewusst-Sein?", fragte mich Winni, ein Brötchen kauend.

„Unter Selbst-Bewusst-Sein verstehe ich ...", ich überlegte kurz, „stressfrei auf Menschen zugehen zu können, vor anderen reden zu können, ohne rot zu werden, überzeugend aufzutreten, sich selbst erfolgreich verkaufen zu können ..."

„Das ist ja schon eine ganze Menge. Lass uns langsam vorgehen. Definieren wir erst mal das Wort Selbst-Bewusst-Sein!"

Ich überlegte, selbst ... bewusst ... sein. Sich seiner selbst bewusst sein. Wissen, wer ein Mensch ist und was er kann. Also wissen, wer ich bin und was ich kann!

„Toll!", rief Winni aus und klatschte in die Hände, wobei einige Brötchen-Krumen durch die Küche flogen.

„Halten wir fest! Unter Selbst-Bewusst-Sein verstehen wir beide, folgende Fragen beantworten zu können:

- Wer bin ich?
- Was kann ich?
- Was will ich?

Wie gefällt dir das?"

„Gefällt mir sehr gut. Aber – gehört zum Selbst-Bewusst-Sein nicht auch das zu wissen, was ich <u>nicht</u> kann?"

„Sehr richtig. Wenn ich weiß, was ich kann, finde ich auch heraus, was ich nicht kann. Aber, lass uns Schritt für Schritt vorgehen."

„Einverstanden!"

„Also, wir halten fest: um das Selbst-Bewusst-Sein entfalten zu können, müssen folgende drei Fragen beantwortet werden können:

- Wer bin ich?
- Was kann ich?
- Was will ich?

Allerdings muss uns klar sein, dass wir diese drei Fragen nicht innerhalb nur weniger Minuten beantworten können. Wir benötigen Zeit. Und diese Zeit nehmen wir uns."

3. Wer bin ich?

Wir hatten es uns im Wohnzimmer gemütlich gemacht.

Winni begann: „Wer bist du?"

Blöde Frage. „Ich bin Sigi."

„Ja, ja, das ist mir klar. Aber wer bist du tatsächlich? Sigi ist ja nur ein Name. Im Buch ‚Sofies Welt' von Jostein Gaarder (norwegischer Schriftsteller, *1952) erhält Sofie Amundsen eine Karte mit der Frage ‚wer bist du'. Das ist natürlich eine philosophische Frage. Schreibe doch mal hier auf, wer du bist."

Das bin ich:

Das bin ich:

(Liebe Leserin, lieber Leser, schreiben Sie bitte auf einen Zettel, wer Sie sind. Arbeiten Sie danach weiter.)

Ich füllte diese Liste aus. Dann überreichte ich sie Winni.

Winni las die Liste aufmerksam durch. Dabei murmelte er „aha, ehem …" Schließlich sagte er:

„Gut, nun weiß ich, wer du bist, wie alt du bist, wie du aussiehst, welche Hautfarbe du hast, wo du wohnst und so weiter und so weiter."

Winni legte die Liste zur Seite. „Gut, wollen wir die Sache mal anders angehen."

Ich war gespannt.

Winni fuhr fort: „Stell' dir vor, die nächste Seite sei ein Bild in einem Bilderrahmen. Bitte male dich ins Bild."

Das bin ich:

(Liebe Leserin, lieber Leser, malen Sie auf ein leeres A4 oder A5 Papier, wer Sie sind. Arbeiten Sie danach weiter.)

Winni sah sich mein Bild genau an. Dann gab er mir seinen Kommentar:

Mögliche Deutungen: Auslegungen zu ‚Das bin ich'

Figur wird ganz gezeichnet. Figur (also ICH) ist das Wichtigste im Leben. Deshalb groß und zentriert gemalt. Blatt ganz ausgenutzt, nur einen kleinen unbemalten Rahmen an den Rändern frei gelassen. Positiv.	*Nur Kopf, lächelnd. Nicht schlecht, aber auf die mögliche Frage: ‚bestehst du nur aus Kopf oder hast du auch Gefühl' muss eingegangen werden.*	*Ganze Figur mit lächelndem Gesicht. Figur (also ICH) ist das Wichtigste im Leben. Deshalb groß und zentriert gemalt. Strahlt positive Lebenseinstellung durch das lächelnde Gesicht aus. Weiterhin zeigt die Figur (wie in 1) Bewegung durch die Arm- und Beinstellung. Blatt ganz ausgenutzt, nur einen kleinen nicht bemalten Rahmen an den Rändern frei gelassen. Sehr positiv.*

Ganz klein in Ecke. Lässt sich gerne abdrängen - in Ecke stellen. Ist nicht die wichtigste Person im Leben.	*Ganz klein in Mitte. Könnte als nicht selbstbewusst gedeutet werden. Sieht sich zwar im Mittelpunkt, aber zu klein, wenn Rest der Bildfläche mit berücksichtigt wird.*	*Symbol. Hier zum Beispiel als Baum, der fest im Leben steht. Mag in einem persönlichen Gespräch eventuell überzeugen. Ansonsten bei dieser Aufgabe ‚ICH' auf Symbole verzichten, weil es ja um ‚MICH' und nicht um ein Symbol geht.*

„Sehr gut", meinte er abschließend.

„Gehen wir einen Schritt weiter. Ähnliches Spiel, aber anderer Titel. Nämlich ‚Ich in meinem Leben'."

„Wieder in einen Bilderrahmen einmalen?", fragte ich.

„Ja bitte, gleich hier."

„Ok"

Ich in meinem Leben

„Na ja", gab Winni zu bedenken, „das ist zwar sehr schön, dass du Partner und Eltern an die wichtigste Stelle stellst. Aber die allerwichtigste Person in deinem Leben bist du selbst!"

Überrascht und fragend zog ich die Augenbrauen hoch: „Ist das nicht sehr egoistisch?"

„Vielleicht", gab Winni zu, „aber was wäre dein Leben ohne dich?"

„Natürlich nichts."

„Eben! Und deshalb – sieh es bitte nicht allzu egoistisch – du bist die wichtigste Person in <u>deinem</u> Leben.

<u>Du</u> möchtest zufrieden, selbstbewusst sein.

<u>Du</u> möchtest beruflich wie privat erfolgreich sein.

<u>Du</u> möchtest dein Leben genießen."

Ich nickte mit dem Kopf.

Winni fuhr fort: „Das bedeutet ja keineswegs, dass du dich immer sehr egoistisch anderen gegenüber verhalten sollst."

„Das will ich auch nicht."

„Genau – und deshalb gehört auf dein Gemälde ein Symbol für Partner beziehungsweise Partnerin oder Liebe und ein Symbol für ein gesundes soziales Umfeld."

„Gut, ich bin einverstanden. Obwohl ich das eine oder andere Symbol anders malen würde."

„Das ist selbstverständlich möglich. Denn das Symbol steht ja als Symbol. Und vergiss bitte nicht, dich selbst etwa so darzustellen, wie du es auf deinem ersten Gemälde vorgeschlagen hast."

Ich musste mir das alles mal durch den Kopf gehen lassen und besorgte deshalb aus der Küche zwei Glas Orangensaft. Als ich ins Wohnzimmer zurückkehrte, hatte es sich Winni auf dem Sofa bequem gemacht, die Füße hochgelegt und die Arme hinter dem Kopf verschränkt.

Herausfordernd sah er mich an: „Du hast dein Bild mit dem Bleistift gemalt. Alles schwarz. Nehmen wir an, du hättest Farbstifte benutzt. Wie hättest du die eingesetzt?"

(Liebe Leserin, lieber Leser, schreiben Sie bitte auf, welche Farben Sie wofür wählen. Arbeiten Sie danach weiter.)

Farben:

Mögliche Deutungen: Auslegungen ‚Kleine Farbpsychologie 1'

ICH in der Mitte rot, alle anderen Symbole in einer anderen Farbe, entweder grün oder blau oder schwarz.

Rot symbolisiert Energie, Kraft, Leben und gilt hier gleichzeitig als Blickfang für ICH.

Zur Erinnerung: ICH ist hier das Wichtigste.

Erwartungsfreudig überreichte ich Winni mein Gemälde.

Leicht zweifelnd wiegte Winni seinen Kopf hin und her.

„Schau mal", begann er vorsichtig, „wer ist denn die allerwichtigste Person in deinem Leben?"

Ich überlegte kurz und antwortete: „Mein Partner!"

Und nach kurzem Zweifel ergänzte ich: „Und natürlich meine Eltern."

Mögliche Deutungen:

- ICH steht im Mittelpunkt, weil das Thema heißt: ICH und mein Leben. Figur so, wie in voriger Übung beschrieben.
- ICH ist im Verhältnis zu den anderen Abbildungen deutlich größer gezeichnet.
- Die restlichen Symbole können zum Beispiel bedeuten (im Uhrzeigersinn):

➢ *Flugzeug*	*Urlaub/Freizeit*
➢ *Figuren*	*intaktes soziales Umfeld*
➢ *Euro/Dollar*	*finanzielle Absicherung/Job*
➢ *Haus*	*Heim/zu Hause*
➢ *Smiling*	*Glück*
➢ *Kurve*	*es geht aufwärts, positiv denkend*

Natürlich sind auch andere Symbole/Deutungen möglich.

4. Kleine Farbpsychologie

Nachdem ich die Erklärung gehört hatte, musste ich lächeln, denn ich hatte mir bis heute noch keinerlei Gedanken über die Wirkung von Farben gemacht. Aber jetzt schien es mir selbstverständlich, ‚Farbe zu bekennen', denn ich reagierte im Leben auch unterschiedlich auf Farben.

„Sigi, da wo ich herkomme, ist das Leben wirklich farbenfroh und bunt. Die Farben Schwarz, Weiß und Grau kommen bei uns ganz selten vor. Ich bin ziemlich sicher, dass diese Farbenvielfalt es schafft, ein positives und harmonisches Zusammenleben zu schaffen. Bestimmte Farben ordnen wir bestimmten Verhaltensmustern oder Geschmacksrichtungen zu. Wonach schmeckt ein gelber Lutschbonbon?"

„Nach Zitrone", erwiderte ich sofort.

„Aha. Und ein grüner?"

„Nach Apfel oder Waldmeister!"

„Ja, richtig. Und ein roter Bonbon?"

„Nach Kirsche.“

„Du erkennst, dass wir Gelb einer Zitrone zuordnen und gleichzeitig den Geschmack ‚sauer‘ empfinden.“

„Wie würden wohl blaue Pommes frites schmecken?“

„Igitt. Eklig!“, rief ich sofort überzeugt aus.

„Nur wegen der Farbe?“

„Ja, blaue Pommes frites kann ich mir nicht vorstellen.“

„Genau. Und so geht es uns mit vielen Dingen. Farbe bedeutet für die meisten Menschen sehr viel. Mach dir doch Gedanken darüber, welche ‚Eigenschaften‘ folgenden Farben zugeordnet werden könnten, beziehungsweise welche Gefühle bei den einzelnen Farben geweckt werden.“

BLAU	**GRAU**
GRÜN	**GELB**
ROT	**ORANGE**
SCHWARZ	**VIOLETT**
WEISS	**BRAUN**

(Liebe Leserin, lieber Leser, schreiben Sie bitte auf, welchen Farben Sie am ehesten welche Eigenschaften zuordnen. Arbeiten Sie danach weiter.)

Auslegungen zu ‚Kleine Farbpsychologie 2‘

BLAU	<ul><li>Kühle, Frische, Weite.</li><li>Wirkt auf die meisten Menschen beruhigend, dämpfend, bewahrend.</li><li>Wirkt muskelentspannend.</li><li>Hinterlässt den Eindruck, dass die gegebenen Informationen korrekt sind.</li><li>Blaue Kleidung des Gesprächspartners lässt seriöses Auftreten vermuten. Das, was der Gesprächspartner sagt, stimmt.</li><li>Ist die Lieblingsfarbe vieler Menschen.</li><li>Gern bevorzugte Farbe in der Dienstleistung.</li></ul>

ROT	• Wärme, Zuneigung, Liebe, aber auch Energie, Durchsetzungs-kraft, Bewegung, Vitalität. • Gegebenenfalls Aufbau von Aggression, Aufbegehren, Revolution. • Wirkt blutdrucksteigernd. • Herz- und Atemfrequenz steigen an. • Rote Kleidung des Gesprächspartners lässt vermuten, dass dieser impulsiv – aus dem ‚Bauch heraus' – und spontan handelt. Er hat Durchsetzungskraft und haut ggf. auch mal mit der Faust auf den Tisch. Wirkt demnach manchmal zu aggressiv – und damit verkaufshemmend beziehungsweise gesprächshemmend – auf den Kunden.
GRÜN	• Steht für Hoffnung. • Symbolisch für Natur und Umwelt. • Grüne Kleidung des Gesprächspartners lässt vermuten, dass dieser ein ‚netter' Mensch ist, aber nicht unbedingt zielorientiert handelt. • Sorgt für gesteigerte Aufmerksamkeit. • Steigert Konzentration.
WEISS	• Steht für Unschuld, Reinheit, Sauberkeit. • Weiße Kleidung des Gesprächspartners lässt vermuten, dass dieser sauber und ‚unschuldig' ist. Signalisiert aber auch, dass der Mensch ‚ein unbeschriebenes Blatt' ist, also wenig Ahnung von seiner Materie hat. • Weiß in Kombination mit einer anderen Farbe wirkt auf viele angenehm.
SCHWARZ	• Mystik. • Verrät nicht alles, hält Geheimnisse zurück. • Wirkt stark, kräftig, nicht bereit zur Diskussion. • Schwarze Kleidung des Gesprächspartners lässt vermuten, dass dieser noch ‚einiges im Ärmel' hat (wie ein Magier), uns aber nichts verrät. • Auf viele Menschen der mittleren bis oberen Altersklassen eher unangenehm wirkend, weil oft mit Trauer verbunden. • Gern bevorzugte Farbe im Arbeitsbereich Design.

GRAU	<ul><li>Unauffällig.</li><li>Wahrung von Distanz.</li><li>Reizt nicht zu Handlungen oder Aktionen. Daher nicht oft eingesetzt in Werbung oder Verkauf.</li><li>Grau in Kombination mit Schwarz oder Weiß kann interessante Schattierungen ergeben.</li><li>Die ‚graue Maus'.</li><li>Graue Kleidung des Gesprächspartners lässt vermuten, dass dieser zwar ausgesprochen tüchtig ist, aber eher unauffällig im Hintergrund arbeiten möchte.</li><li>Gern bevorzugte Farbe bei beratender Tätigkeit.</li></ul>
VIOLETT	<ul><li>Signalisiert das Bedürfnis, andere anzutreiben, zu überzeugen und zu begeistern.</li><li>Manchmal als emotionale Unreife gedeutet.</li><li>Manchmal als nichtkonforme Sexualität gedeutet.</li><li>In der Geschäfts-Kleidung eher selten zu finden.</li></ul>
BRAUN	<ul><li>Farbe vieler Genussmittel (Schokolade, Kaffee und so weiter.).</li><li>Zeigt den Wunsch nach Erdverbundenheit. Nach Geborgenheit und Zuneigung.</li><li>Von modischen (Herbst-) Farben abgesehen, in der Geschäfts-Kleidung eher selten zu finden.</li></ul>
GELB	<ul><li>Signal, Frische, Kraft.</li><li>Optimismus, positives Denken.</li><li>Wirkt aufheiternd und steigert die Kommunikation.</li><li>Unterstützt Denken und geistige Aktivitäten.</li><li>Gelbe Kleidung des Gesprächspartners lässt vermuten, dass dieser gerne auf sich aufmerksam macht. „Achtung: Hier komme ich!" Eventuell leicht aufdringlich wirkend.</li></ul>
ORANGE	<ul><li>Gilt als lebensbetonende Farbe.</li><li>Steht für Heiterkeit und Vitalität.</li><li>Bereit zur Kommunikation.</li><li>Hinterlässt den Eindruck, dass die gegebenen Informationen oberflächlich sind.</li><li>In der Geschäfts-Kleidung eher selten zu finden. Kann in Kombination mit anderen Farben (zum Beispiel Schwarz) interessante Variationen bilden.</li></ul>

Es sei erwähnt, dass Farbkombinationen natürlich möglich sind (zum Beispiel blaues Kostüm und rot gemustertes Halstuch oder Schmuck/Krawatte). Das unterstreicht die oben beschriebenen positiv wirkenden Eindrücke beider Farben.

Bitte nicht vergessen, dass dieselbe Farbe bei jedem Menschen unterschiedlich wirken kann. Auch die Farbgebung eines Raums oder des Mobiliars beeinflusst das Verhalten des Menschen.

Ich habe heute viel gelernt und mir ging viel durch den Kopf. Tatsächlich erkannte ich bestimmte Farbgebungen in der Werbung wieder. Oder auch in Logos oder Firmenlayouts. Langsam wurden mir die unterschiedlichen Eigenschaften der Farben und deren Wirkung auf den Menschen klar. Daran hatte ich vorher nie gedacht.

5. Die Lebenskurve

Inzwischen hatte uns Winni zwei Tassen Kaffee gekocht. Ich mochte zwar lieber Tee, sagte aber nichts, weil ich Winni nicht beleidigen wollte. Sogar ein paar leckere Kekse hatte Winni hingestellt.

„Ein kleines Spiel zum Abschluss?", fragte mich Winni herausfordernd.

Was sollte jetzt noch kommen?

„Also gut", murmelte ich zustimmend.

Winni bat mich: „Nimm ein Stück Papier, einen Stift und male darauf deine Lebenskurve!"

„Meine Lebenskurve? Bis jetzt oder bis ans Ende meines Lebens?"

„Die Lebenskurve deines bisher gelebten Lebens."

Ich machte mich an die Arbeit.

Meine Lebenskurve

(Liebe Leserin, lieber Leser, bitte malen Sie Ihre Lebenskurve auf ein Blatt in einem vorbereiteten Rahmen ein. Arbeiten Sie danach weiter.)

Mögliche Deutungen: Auslegungen zu ‚Meine Lebenskurve'

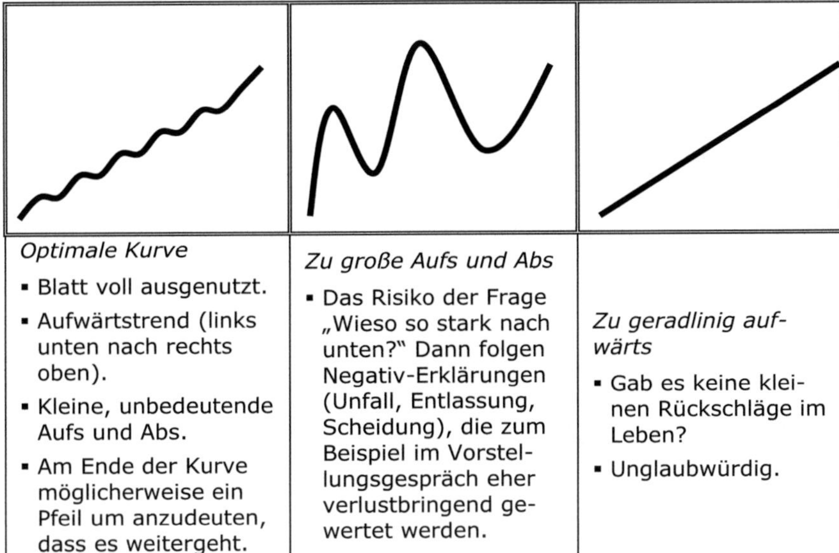

Optimale Kurve	*Zu große Aufs und Abs*	*Zu geradlinig aufwärts*
• Blatt voll ausgenutzt. • Aufwärtstrend (links unten nach rechts oben). • Kleine, unbedeutende Aufs und Abs. • Am Ende der Kurve möglicherweise ein Pfeil um anzudeuten, dass es weitergeht.	• Das Risiko der Frage „Wieso so stark nach unten?" Dann folgen Negativ-Erklärungen (Unfall, Entlassung, Scheidung), die zum Beispiel im Vorstellungsgespräch eher verlustbringend gewertet werden.	• Gab es keine kleinen Rückschläge im Leben? • Unglaubwürdig.

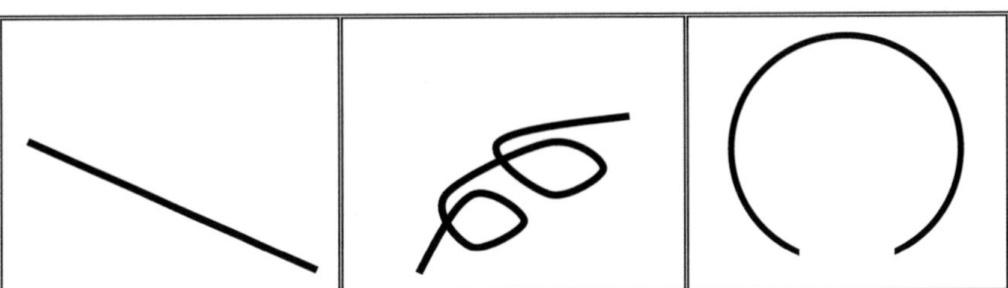

	Wiederholend	Kreis
Abwärts • Gilt als depressiv, pessimistisch.	• Nicht positiv, da zwar Aufwärtstrend, aber sich oft wiederholend. • Dadurch geht im Leben / bei der Arbeit zu viel Zeit / Energie verloren.	• Führt wieder zurück zum Anfang. • Im Berufs-Leben darf ich am Ende nicht dort stehen, wo ich angefangen habe. • Wird eher negativ bewertet. • Bedingt akzeptierbar als Symbol für ‚Lebenskreislauf', was aber nicht identisch ist mit ‚Lebenskurve'.

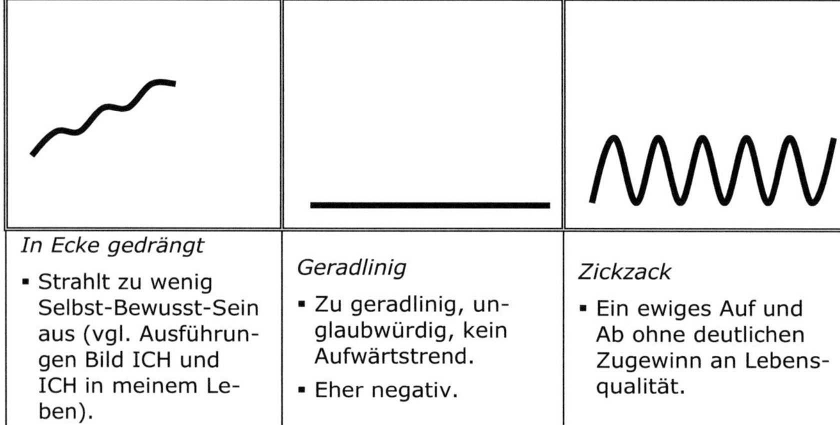

In Ecke gedrängt • Strahlt zu wenig Selbst-Bewusst-Sein aus (vgl. Ausführungen Bild ICH und ICH in meinem Leben).	*Geradlinig* • Zu geradlinig, unglaubwürdig, kein Aufwärtstrend. • Eher negativ.	*Zickzack* • Ein ewiges Auf und Ab ohne deutlichen Zugewinn an Lebensqualität.

Natürlich sind auch hier andere Deutungen möglich.

Was aus einer einfachen Linie alles gedeutet werden konnte, faszinierte mich.

„Müssen denn die Deutungen genauso stimmen?"

„Nein", entgegnete Winni, „aber in unserer heutigen Gesellschaft besteht der Trend, die Kurven in dieser oder ähnlicher Art zu deuten. In 100 Jahren mag das vielleicht ganz anders aussehen."

„Was nutzt mir denn überhaupt das Wissen um eine solche Kurve?"

„Nun", Winni beugte sich vor und senkte seine Stimme etwas, „stelle dir vor, dir wird in einem Vorstellungsgespräch oder in einem Assessment-Center (AC = Auswahlverfahren bei Vorstellungsgesprächen) die Aufgabe gestellt, solch eine Lebenskurve zu malen. Aber warte! Nehmen wir an, du wärst die für das Personal verantwortliche Person. Welche Art von Menschen bevorzugtest du als Mitarbeiter beziehungsweise Mitarbeiterinnen?"

Nach kurzer Überlegung listete ich auf: „positiv denkend, aufwärtsstrebend, erfolgsmotiviert, zielorientiert …"

„Stopp", unterbrach mich Winni, „das genügt schon. Alle diese Eigenschaften lassen sich – mit etwas gutem Willen – aus der ersten Kurve ablesen."

Genüsslich lehnte sich Winni ins Sofa zurück, lächelte mich an und sagte: „Bis Morgen" und war plötzlich verschwunden.

„Schade", dachte ich, „gerade jetzt, wo ich gerne diskutiert hätte." Aber ich hatte genug zu überlegen und freute mich schon auf ein weiteres Treffen mit Winni.

6. Positives Denken

Irgendetwas rüttelte an meiner Schulter.

„Hallo, Sigi! Aufstehen! Du kannst doch nicht den ganzen Tag verschlafen!"

Von wegen den ganzen Tag. Die Zeitangabe auf meinem Funkwecker stand auf 06:00 Uhr!

„Es ist doch erst 6:00 Uhr!", rief ich leicht erbost aus.

„Falsch!", erwiderte Winni frech, „Der Tag ist bereits sechs Stunden alt."

„Dann habe ich noch den ganzen Tag vor mir!", polterte ich.

„Wieder falsch!", Winni grinste, „nur noch 18 Stunden."

„Das ist aber jetzt Haarspalterei", entrüstete ich mich, „ich bleibe doch nicht 18 Stunden wach!"

„Weshalb denn nicht? Wenn du erst um 24:00 Uhr schlafen gehst, hast du 18 Stunden Wach-Zeit vor dir."

„Ich bin aber noch müde. Ich schlafe ja noch."

„Aha, dann redest du also im Schlaf mit mir? Komm, steh auf. ‚Carpe diem' – nutze den Tag, wie schon der römische Dichter Horaz (65 – 8 v. Chr.) sagte."

„Na ja", sagte ich, da ich inzwischen tatsächlich wach geworden war, „wenn's denn sein muss!"

„Es muss nicht, es darf."

Ich verdrehte die Augen. „Jeden Morgen muss ich so früh aufstehen."

„Nein", wiederholte Winni mit:" es ist kein <u>Muss</u>. Müssen musst du gar nichts. Du <u>darfst</u> aufstehen. Es gibt genügend Menschen auf dieser Welt, die liebend gern morgens aufstehen würden, es aber nicht können, weil sie zum Beispiel querschnittgelähmt sind."

Au weia. Daran hatte ich überhaupt nicht gedacht. Betroffen blickte ich zu Boden.

„Na ja, komm", versuchte mich Winni aufzumuntern, „betrachten wir die Sache und das Leben mal positiv."

Winni stellte mir ein zur Hälfte gefülltes Glas Orangensaft auf den Nachttisch.

„Oh, vielen Dank. Sehr aufmerksam. Aber weshalb ist das Glas halb leer?

„Und nochmal falsch", lachte Winni und drohte spaßhaft mit seinem Zeigefinger.

„Das Glas ist nicht halb leer, sondern halb voll."

„Das ist doch das Gleiche!"

„Ja und nein. Als Tatsache ja, aber als Ansicht nein."

Winni musste an meinem fragenden Gesichtsausdruck erkannt haben, dass ich nicht ganz folgen konnte.

„Das Glas ist halb leer – du denkst negativ, pessimistisch.

Das Glas ist halb voll – du denkst positiv, optimistisch."

Im Prinzip schien Winni wohl Recht zu haben.

„Schau mal", fuhr Winni fort, „Menschen, die sagen: ‚Das Glas ist halb leer' sagen gerne auch: ‚Schade, die Hälfte des Urlaubs ist schon wieder vorbei' oder ‚der Sommer ist auch schon vorüber' oder ‚ich weiß nicht, ob ich das hinkriege' oder ‚ich bin mir nicht ganz sicher!'"

„Aber das sagen die doch nicht immer?"

„Natürlich nicht. Aber aus den Aussagen kannst du eine leichte, allgemein pessimistische Lebenseinstellung ableiten, oder?"

Ich überlegte kurz. „Na gut, ich stimme zu. Aber wie sollen sich die Menschen denn anders ausdrücken?"

„Zum Beispiel könnten sie sagen:

‚Wie schön, dass wir noch die Hälfte des Urlaubs vor uns haben', oder.

‚Der Herbst hat begonnen', oder.

‚Schauen wir mal, ob ich das nicht hinkriege', oder.

‚Ich bin mir ziemlich sicher!'"

Winni legte eine Pause ein, um seine Aussage auf mich einwirken zu lassen.

Ich warf ein: „Aber ein Mensch kann doch nicht immer nur positiv gestimmt sein!"

„Ja, da hast du selbstverständlich Recht. Klar, dass es auch bei großen Menschen Tiefpunkte gibt. Aber wenn ich an einem Tiefpunkt angelangt bin, dann muss – so sagt es uns die Logik – muss es zwangsläufig wieder nach oben gehen."

„Das ist wohl wahr."

„Wenn ich in meinem Tiefpunkt sitzen bleibe und Trübsal blase, wird sich wohl auf Dauer nichts ändern."

„Auch wahr."

„Also bewege ich mich, blicke wohl gelaunt und motiviert in die Zukunft – und schon geht's bergauf."

„Also so eine Art Selbst-Motivation?"

„Darauf könnten wir uns einigen."

7. Die acht Kognitiven Fallen

„Gibt es denn noch andere verbale Äußerungen, die meine Stimmung anzeigen?"

„Oh ja. Eine ganze Menge. Nennen wir die mal ‚kognitive Fallen'. Kognitiv heißt so viel wie erkennend, wahrnehmend und manchmal auch verratend. Also, zu den Fallen."

„Und die wären?"

Die erste Falle

„Na, dann will ich dir die acht Fallen aufzählen. Die erste Falle bezeichne ich als Schwarz/Weiß-Falle."

„Schwarz/Weiß-Falle? Was verstehst du darunter, Winni?"

„Es handelt sich hier um das ‚alles oder nichts' Denken. Das bedeutet, es gibt nur Schwarz oder Weiß, nur klein oder groß, nur richtig oder falsch. Du weißt, das kann nicht sein."

„Ja natürlich nicht, neben Schwarz und Weiß gibt es zum Beispiel auch Grau."

„Ja, und zwar sehr viele Grautöne. Genauer gesagt sehr sehr viele weitere Grautöne. Es ist absolut sinnlos zu sagen, das eine und nur das eine ist richtig und das oder alles andere ist demnach automatisch falsch."

„Ja, es könnte ja beides richtig sein. Ich kann mit dem Bus in die Stadt fahren oder mit dem Fahrrad. Also gibt es mindestens zwei Möglichkeiten."

„Das ist ein schönes Beispiel", lobte Winni, „wir vermeiden, in die Schwarz/Weiß-Falle zu tappen, indem wir die Grautöne, die Zwischentöne, sagen wir die Vielfältigkeit der Möglichkeiten erkennen. Versuche doch einfach in Zukunft das Wort ‚falsch' durch das Wort ‚anders' zu ersetzen. Es wird nicht immer passend sein, aber meistens wohl doch."

Die zweite Falle

„Weiter dann", fuhr Winni fort, „haben wir die Verallgemeinerungs-Falle. In diese zweite Falle tappen wir, wenn wir Wörter wie ‚immer', ‚nie', ‚alle' und ähnliche verwenden."

„Ich benutze nie das Wort nie", behauptete ich.

„Sag niemals nie", korrigierte mich Winni lächelnd, „denn jetzt bist du in die Verallgemeinerungs-Falle gelaufen. Irgendwann wirst du bestimmt das Wort nie benutzt haben, oder?"

„Ich weiß nicht …"

„Na gerade eben, also du sagtest, du benutzt das Wort ‚nie' NIE. Und in diesem Moment hattest du es benutzt."

„Ja, ja, aber ich wollte ja nur …"

„Hast du es benutzt oder nicht?", unterbrach mich Winni forsch.

„Na gut, ich wollte …"

„Eben. Also hast du es benutzt. Deshalb kannst du nicht sagen, dass du das Wort ‚nie' nie benutzt. Du kannst sagen, dass du es fast nie, oder äußerst selten benutzt. Das kann stimmen."

Ich gab nach. „Also gut, ich sage, dass ich das Wort ‚hm hm hm' äußerst selten benutze."

„Hurra!", rief Winni aus, sprang auf und klatschte in die Hände: „Du hast es verstanden! Du hast den Weg aus der Falle gefunden!"

Winni setzte sich wieder und fuhr fort: „Weitestgehend, meist, fast alle und andere Wörter wie diese, helfen dir, die Verallgemeinerungs-Falle geschickt zu umgehen. Achte bei deinen Gesprächspartnern darauf, wie häufig gesagt wird ‚das weiß doch jeder' oder ‚das kann nie klappen' oder ‚das passiert immer nur mir'. Diese Aussagen zeigen, dass sich diese Menschen in der Verallgemeinerungs-Falle verstrickt haben."

Damit war ich einverstanden und nahm mir vor, ab sofort keine Verallgemeinerungen mehr zu benutzen. Und wenn ich mir etwas vornehme, dann halte ich das auch durch.

Die dritte Falle

„Schauen wir uns die dritte Falle an. Ich nenne sie die Abwertungs-Falle". Ich war gespannt und schaute Winni fragend an.

„Darunter verstehe ich Aussagen", fuhr Winni fort, „die mein Verhalten abwerten."

„Was verstehst du darunter?"

„Wenn ich dich zum Beispiel bitte, mit dem Bleistift einen Kreis auf ein Stück Papier zu malen, …"

Ich unterbrach Winni: „Das kann doch jeder!"

„Halt!", schrie Winni auf.

Ich erschrak.

„Das war eine Verallgemeinerungs-Falle", tadelte mich Winni.

„Oh", ich biss mir auf die Lippen, „sorry, du hast Recht. Das war eine dumme Aussage von mir. Also gut, hier ist ein Stück Papier und darauf male ich nun einen Kreis."

Auf ein Stück Papier malte ich dann einen Kreis.

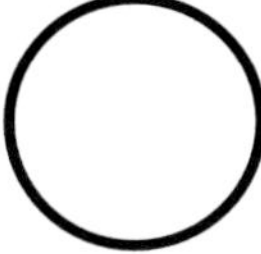

„Sehr schön", sagte Winni.

„Aber das ist doch nichts Besonderes."

„Diese Aussage, Sigi, ist eine Abwertungs-Falle. Dadurch dass du sagst, dieser Kreis sei nichts Besonderes, wertest du deine Arbeit ab. Außerdem sagtest du eben, dass du eine dumme Aussage gemacht hast. Warum eine ‚dumme' Aussage. Die Aussage war bestenfalls unüberlegt, aber nicht dumm."

Ich dachte nach und sagte: „Ich glaube, ich habe verstanden. Es ist besser, etwas positiv zu betrachten und eine Sache eher aufzuwerten als abzuwerten. Das Glas ist halb voll ..."

„Ja, so ungefähr."

Die vierte Falle

„Die vierte Falle ist so ähnlich wie die dritte. Es ist die Verlierer-Falle."

„Jetzt bin ich gespannt."

„Ganz einfach", sagte Winni, „eine Person, die sich als Verlierer, als Loser, als Absteiger und so weiter bezeichnet, bewegt sich in dieser Falle. Da kommen wir ganz schnell raus, wenn wir uns als Gewinner, als Winner, als Aufsteiger und so fort bezeichnen. Das ist schon alles. Allein schon die Tatsache, dass du lebst, ist ein Gewinn. Also bist du ein Gewinner."

So schnell war ich noch nie überzeugt. (Ich weiß, das war schon wieder eine Verallgemeinerungs-Falle).

Die fünfte Falle

„Wie nennst du die fünfte Falle?", wollte ich wissen.

„Das ist die Filter-Falle."

„Aha, lass mich raten ... Ich filtere irgendetwas heraus ... Ich sehe nicht alles ..."

„Nicht schlecht, Sigi. Die Filter-Falle funktioniert so: Stell dir vor, du wolltest mit einer Kamera ein Bild aufnehmen. Du setzt einen Filter vor das Objektiv, mit dem du bestimmte Farben aus dem Bild herausfiltern kannst. Der vorgesetzte Filter beim Menschen kann ein Negativ- oder ein Positiv-Filter sein. Wenn du einen Negativ-Filter benutzt, dann siehst und hörst du immer nur das Schlechte, immer nur das Negative, immer hängst du dich an Problemen auf und beißt dich an Schwierigkeiten fest. Wenn du hingegen einen Positiv-Filter einsetzt, dann erkennst du um das Schlechte herum so viele positive

Dinge, dass es dir dann ganz leichtfallen würde, glücklich weiterzuleben. Nur weil dir einmal der Bus vor der Nase wegfährt, musst du dir nicht den ganzen Tag ‚versauen'. Überlege doch, wie oft der Bus bisher pünktlich war. Nur weil dich einer kritisiert, brauchst du nicht zu denken, dass alles, was du tust, schlecht wäre. Überlege, wie oft du etwas richtiggemacht hast, ohne dass dich jemand gelobt hat. In unserer Filter-Falle tötet ein schlechtes Wort unsere Stimmung. Und das soll so nicht sein. Einverstanden?"

„Na klar, da gibt es für mich gar keinen Widerspruch, obwohl ich manchmal auch ganz betrübt bin, wenn mir jemand etwas Unangenehmes sagt. Dann benötige ich tatsächlich schon mehrere Tage, um darüber wegzukommen. An sich ist das blöd. Denn Wochen später ist es mir fast schon wieder egal, was geschehen ist."

„Ja, das ist typisch Mensch. Alles muss immer einwandfrei sein. Immer muss der Mensch der Beste, der Erste, der Schönste und so weiter sein. Und dabei ist der zweite Platz, ja sogar der tausendste ebenso gut.

„Alles klar", sagte ich, „‚ich habe fertig'."

Die sechste Falle

„Jetzt weise ich dich auf die sechste Falle, die Muss-Falle, hin."

„Apfelmus?", meinte ich lachend.

„Nein, kein Mus, sondern muss", antwortete Winni lachend. „Bei der fünften Falle habe ich häufig die Vokabel ‚muss' gewählt. Ist dir das aufgefallen?"

„So sicher bin ich da nicht mehr", meinte ich zögernd.

„Wenn wir sagen: ‚du musst dies und das tun', dann stellen wir uns unter einen Zwang."

„Ja, das kenne ich zur Genüge", rief ich aus, „‚du musst dein Zimmer aufräumen!', ‚du musst deine Oma anrufen!', ‚Du musst die Wäsche waschen!'. Da könnte ich unendlich viel aufzählen."

„Genau darum geht es", belehrte mich Winni. „Die wenigsten Menschen mögen unter einem Druck arbeiten. Wenn wir zu uns aber selbst sagen: ‚Ich muss zur Arbeit' oder ‚Ich muss aufstehen', dann setzen wir uns selbst ständig unter Druck."

„Aber was soll ich denn sonst sagen?", fragte ich. „Ich MUSS doch aufstehen."

„Sicherlich wirst du aufstehen. Aber – ganz krass ausgedrückt – wenn du einmal nicht aufstündest. Bräche dann die Welt zusammen?"

„Nein, natürlich nicht. Aber ich hätte sicherlich Nachteile zu befürchten, besonders dann, wenn ich mit anderen Menschen Verabredungen oder Treffen vereinbart hätte."

„Wenn du nicht hingingst, hättest du mit Schwierigkeiten zu rechnen. Klar. Aber gehst du denn nicht gerne zu deinen Verabredungen?"

„Doch, meistens schon."

„Ist es dann nötig zu sagen, ich MUSS da und dort hingehen? Könntest du nicht auch – lass uns ruhig etwas übertreiben – sagen: Ich DARF dort hingehen?"

„Klingt schon ein wenig abgehoben?"

„Vielleicht. Aber denke doch bitte nochmal daran, du <u>darfst</u> gehen, andere dürfen nicht oder können nicht. Wenn du aus der Muss-Falle herauswillst, vermeide möglichst Vokabeln wie ‚ich muss' oder ‚ich soll' und ersetzt diese durch ‚ich darf' oder ‚ich will'."

So ganz einverstanden war ich nicht. „Na ja, wenn du meinst."

„Nein, nicht wenn <u>ich</u> meine, sondern <u>du</u> darfst die Entscheidung treffen, deine Wörter anders zu benutzen. Mit dem Ziel, eine andere Einstellung zu erreichen."

Ich lenkte ein. „Es scheint mir langsam klar zu werden, dass ich eine Arbeit leichter erledigen kann, wenn ich etwas <u>freiwillig</u> tue. Wenn ich mich hingegen unter den Zwang ‚muss' setze, dann macht es weniger Spaß."

„Eben hast du es verstanden", freute sich Winni. „Genau das ist der Weg. Nicht ich ‚muss', sondern ich ‚werde'."

Die siebte Falle

„Die siebte Falle ist schwierig zu erklären." Winni rückte sich auf dem Stuhl zurecht. „Ich schau mal, ob ich es hinbekomme."

„Moment", sagte ich, „nimm erst mal hier einen Schluck Orangensaft, bevor du loslegst." Dabei stellte ich Winni ein Glas Orangensaft auf den Tisch.

„Danke, sehr aufmerksam." Winni trank einen Schluck. „Gut, die siebte Falle ist die Ich-hab's-ja-vorher-gewusst-Falle."

„Was ist denn das für ein lustiger Name für eine Falle?"

„Was Besseres ist mir nicht eingefallen. Kennst du nicht auch Menschen, die sagen: ‚Das hätte ich dir vorhersagen können'?"

„Ja, die kenne ich auch. Besonders wenn etwas schieflief. Dann wollen sie vorher alles besser gewusst haben. Aber <u>gesagt</u> haben sie vorher nichts."

„Diese Menschen meine ich auch. Bei einem anderen fällt uns dieses Verhalten leicht auf – allerdings verhalten wir uns manchmal selbst so."

„Wie denn", fragte ich neugierig.

„Wir erkennen die Möglichkeit einer Problemlösung, sagen uns aber bereits im Vorfeld ‚das geht bestimmt schief'."

„Das passiert mir auch manchmal", gestand ich ein.

„Wenn ich mir im Vorfeld sage, dass etwas schiefgeht, mache ich es mir ganz einfach."

„Wieso?"

„Wenn es dann schiefgeht, hatte ich ja bereits vorher Recht", grinste mich Winni an. „Also: Ich habe Recht, <u>auch</u> wenn es schiefgeht."

Ich wusste nicht so recht, was ich mit dieser Aussage anfangen sollte.

Winni erkannte das wohl an meinem fragenden Blick und fuhr fort: „Es gibt in der Psychologie einen Effekt. Der heißt ‚sich selbsterfüllende Prophezeiung'."

Winni machte eine kleine Pause bevor er weitererzählte. „Wenn ich mir einrede, dass etwas nicht klappt, wird es sehr wahrscheinlich auch nicht klappen. Und zwar deshalb nicht, weil ich mir keine besondere Mühe gebe. Ich weiß ja schon, dass es nicht klappt. Also muss ich mich nicht anstrengen."

Langsam dämmerte es mir. „Genial, und dann?"

„Dann klappt es nicht."

„Und was hilft mir dieses Wissen nun?"

„Wir benutzen den Effekt der ‚sich selbsterfüllenden Prophezeiung' und benützen ihn im positiven Sinne."

Aufmerksam hörte ich zu. „Weiter?"

„Ich sage mir ‚das klappt' und schon klappt es. Fertig."

„So einfach kann es ja wohl nicht sein", wagte ich zu protestieren.

„Ganz so einfach ist es auch nicht. Aber wenn du mit der positiven Einstellung an eine Sache gehst, dann wirst du viel eher zum Erfolg kommen. Hier stimmst du mir doch zu, oder?"

„Absolut!" Ich nickte entschlossen mit dem Kopf.

„Das ist so ähnlich wie bei unserem positiven Denken. Du kannst erkennen, dass viele Aussagen miteinander verknüpft sind. Ich denke positiv, habe eine positive Einstellung zu einer bestimmten Arbeit oder Aufgabe, und schon – schwupp – geht es fast wie von alleine."

„Schön", fasste ich zusammen, „so schwierig zu verstehen war das gar nicht für mich mit der Ich-hab's-ja-vorher-gewusst-Falle. Ich bin sicher, dass ich diese Falle in Zukunft ganz leicht umschiffen kann. Jetzt fehlt uns nur noch die achte Falle. Wie heißt die denn?"

Die achte Falle

„Die achte Falle bezeichne ich als die Nachbar-Falle."

„Das ist ja schon wieder so eine originelle Bezeichnung. Was ist denn mit dem Nachbarn?"

„Pscht, nicht so laut", plötzlich legte Winni einen Finger vor den Mund und flüsterte, „was soll denn der Nachbar denken?"

„Was soll er denn denken?", flüsterte ich zurück.

„Er könnte doch denken, dass ich schlecht von ihm denke, oder?"

„Ja", flüsterte ich, „das denke ich manchmal auch."

Winni flüsterte weiter: „Denkst du schlecht von ihm, bekommst du ein schlechtes Gewissen, wenn du ihn siehst. Und zwar, weil du denkst, hoffentlich denkt der nicht, dass ich schlecht von ihm denke."

„Oh wie kompliziert", hauchte ich.

„Und", plötzlich redete Winni wieder mit seiner üblichen Stimme, „und damit beeinflusse ich mein Verhalten zu unser beider Ungunsten."

„Ja", seufzte ich, „ich weiß aber doch gar nicht, was mein Nachbar denkt."

„Woher denn auch? Damit du nicht in diese Falle trittst, kannst du dir sagen: ‚es ist mir ziemlich gleich, was der andere von mir denkt'."

„Ein bisschen egoistisch ist das schon, oder?", wollte ich wissen.

„Mag sein. Aber ich gehe davon aus, dass du mit einer gesunden Lebenseinstellung und einem vernünftigen Selbst-Bewusst-Sein besser durchs Leben kommst, als wenn du dir dauernd vorsagen musst, was die oder der über dich denkt. Beispiel: ‚Ich fühle mich schüchtern, also bin ich es auch und die anderen merken dies und denken, dass ich schüchtern bin. Wo bleibt hier das Selbst-Bewusst-Sein?"

„Nirgends."

„Deshalb drehe ich die Aussage um: ‚Ich fühle mich selbstbewusst, also bin ich es auch und die anderen merken, dass ich selbstbewusst bin.'"

Das gefiel mir sehr gut, weshalb ich wiederholte: „Ich fühle mich selbstbewusst, also bin ich es auch und die anderen sehen, dass ich selbstbewusst bin. Toll."

Am liebsten hätte ich Winni umarmt, so aufgebaut fühlte ich mich. „Ich merke, wie ich selbstbewusst werde. Ich glaube, vieles spielt sich nur im Kopf ab."

Winni lächelte vielsagend.

„Zähle mir eben noch mal alle acht Fallen auf", bat mich Winni.

Ich setzte mich aufrecht in den Stuhl und zählte auf:

„1. Falle Schwarz/Weiß-Falle

2. Falle Verallgemeinerungs-Falle

3. Falle Abwertungs-Falle

4. Falle Verlierer-Falle

5. Falle Filter-Falle

6. Falle Muss-Falle

7. Falle Ich-hab's-ja-vorher-gewusst-Falle

8. Falle Nachbar-Falle.

War ich gut?"

Aber da war Winni verschwunden.

8. Herausforderungen statt Probleme

Mit offenem Mund starrte ich dorthin, wo Winni zuvor gesessen hatte.

„Nun schließe deinen Mund wieder!", holte mich Winni aus meiner Fast-Hypnose zurück. Winni war hinter mich getreten – und wie ein Blitz fuhr ich erschrocken herum.

„Du Winni, bitte – du musst mich nicht so erschrecken. Ja?"

„Entschuldige, ab und zu bist du mir so sympathisch, dass ich vergesse, dass du ein Mensch bist."

„Na toll, vielen Dank für die Blumen."

„Nichts für ungut", sagte Winni lächelnd. „Wie hat dir der Ausflug zu unseren Fallen gefallen?"

„An sich ist alles ganz einleuchtend."

„Eben", ergänzte Winni.

„Also", fragte ich, „wenn ich in Zukunft sage, ‚ich werde', ‚ich will', ‚ich tue / mache / bewege' … "

„Halt, halt", unterbrach Winni lachend, „genauso ist es. Ersetze das Wort ‚ich möchte' durch ‚ich werde' – und schon bist du ganz anders motiviert."

„Ist es nicht ein Problem …"

„Stopp", unterbrach Winni barsch, „ab sofort gibt es keine Probleme mehr! – Nein, nur noch Herausforderungen!"

Ich staunte: „Keine Probleme mehr?"

„Nein, nur noch Herausforderungen!"

Ich schluckte. Keine Probleme, sondern nur noch Herausforderungen. Na gut.

„Also gut, ich nehme die Herausforderung an, meine Lebenseinstellung und meine Sprache etwas anzupassen."

„Nur gut so", lobte mich Winni und klopfte mir auf die Schulter, „lass uns etwas unternehmen."

„Übrigens", ergänzte Winni, „lehne ich mich dem Philosophien Heidegger (1889 – 1976) an: Dieser meinte zum Wort ‚Man': „Wer *man*' benutzt, verliert sich an die Durchschnittlichkeit. Um optimal ‚da sein' zu können, muss ich mich aus der Durchschnittlichkeit zu meiner Eigentlichkeit herausreißen. Also: Sage in Zukunft nicht ‚man hat ja so viel zu tun', sondern: ‚Ich habe so viel zu tun'."

„Mach ich!" versprach ich.

9. Selbstbild

Es versprach ein schöner Tag zu werden. Deshalb entschieden wir uns, einen kleinen Spaziergang durch den Park zu unternehmen.

Nach einer Weile begann Winni: „Nun wollen wir uns anderen Fähigkeiten zuwenden. Nämlich den sogenannten Charakter-Eigenschaften oder den Verhaltensmustern, die einen Menschen ausmachen."

„Also, ob ein Mensch zum Beispiel gehemmt oder eher aufgeschlossen ist?"

„Ja, genau. Das meine ich. Die Frage ist, wie du dich einschätzt. Meinst du zum Beispiel, du bist eher gehemmt oder eher aufgeschlossen?"

„Das ist aber schwierig zu beantworten."

„Ja, ich weiß. Versuch es trotzdem."

„Wäre es nicht besser, wenn jemand anderes das beurteilen würde?", fragte ich.

„Wollen wir es uns nicht zu einfach machen!", gab Winni zu bedenken und schubste mich in die Seite, „außerdem geht es nicht um eine Beurteilung, sondern um eine Einschätzung. Und – es geht darum, wie <u>du</u> dich einschätzt."

Winni gab mir einen kurzen Moment um nachzudenken.

Dann fuhr er fort: „Lass dich in deiner Entscheidung nicht von anderen beeinflussen. Es gilt nur deine eigene Einschätzung – völlig gleich und unabhängig davon, wie andere dich sehen mögen."

Ich konnte mich immer noch nicht festlegen. Deshalb gab mir Winni eine weitere Hilfe.

„Stell dir vor, wir hätten eine Skala von 1 bis 6. Vor Position 1 steht ‚gehemmt' und hinter 6 steht aufgeschlossen'. Wo würdest du dich einstufen?"

„Ja, vielleicht bei 2 oder 3", sagte ich zögernd.

„Entscheide dich!", forderte mich Winni auf.

„Also gut, eher bei 2 als bei 3", gestand ich schließlich ein.

„Schön", lobte mich Winni, „ganz wichtig bei solch einer Einschätzung ist, dass du dich so ehrlich wie möglich einschätzt. Weder das eine noch das andere ist gut oder schlecht. Die Eigenschaften sagen lediglich aus, wie du dich siehst, wie du glaubst zu sein."

„Ich verstehe."

„Meines Erachtens ist es ein großer Schritt zum Selbst-Bewusst-Sein, sich selbst einschätzen zu können. Eines unserer Ziele ist es ja, sich selbst besser kennenzulernen. ‚Wer bin ich, was kann ich?' Und dazu gehört nun mal, sich selbst einschätzen zu können."

„Also gut", stimmte ich schließlich zu, „wie gehe ich nun vor?"

Winni peitschte mit seinem Schwanz auf den Boden und wie aus dem Nichts erschien eine Tabelle auf einer Liste. Winni überreichte mir diese Liste und sagte: „Auf dieser Liste sind mehrere Charakter-Eigenschaften aufgelistet. Und zwar immer paarweise. Zwischen jedem Paar sind 6 Felder zum Ankreuzen frei."

Ich nickte.

Selbsteinschätzung

aktiv							passiv
anpassungsfähig							eigenwillig
ansprechend							abstoßend
anspruchsvoll							anspruchslos
aufgeschlossen							verschlossen
ausdauernd							unkonzentriert
ausgeglichen							sprunghaft
autoritär							antiautoritär
begeisterungsfähig							träge
beherrscht							unbeherrscht
belastbar							unbelastbar
beliebt							unbeliebt
berechenbar							unberechenbar
besorgt							unbesorgt
beständig							wankelmütig
dominant							folgend
durchsetzungsfähig							gehemmt
ehrlich							unehrlich
einfühlsam							gefühlskalt
entscheidungsfreudig							gehemmt
erfinderisch, kreativ							fantasielos
ernsthaft							komisch
extrovertiert							introvertiert
flexibel							unflexibel
fordernd							zurückhaltend
fortschrittlich							altmodisch
freundlich							unfreundlich
geduldig							ungeduldig
gefühlsbetont							gefühlsarm
gelassen							aufgeregt
gepflegt							ungepflegt
gerecht							ungerecht
glücklich							unglücklich
gründlich							oberflächlich
gut gelaunt							missmutig

gütig						engherzig
hartnäckig						nachgiebig
heiter						schwermütig
herzlich						nüchtern
hilfsbereit						gleichgültig
höflich						unhöflich
humorvoll						humorlos
impulsiv						überlegend
integrationsfähig						eigenbrötlerisch
intelligent						dumm
kommunikationsfähig						zurückgezogen
kompetent						inkompetent
kompromissbereit						rechthaberisch
kontaktfähig						scheu
kooperativ						unkooperativ
leichtgläubig						zweifelnd
leidenschaftlich						leidenschaftslos
leistungsorientiert						gleichgültig
lernbereit						faul
lernfähig						lernunfähig
lieb						böse
liebenswert						abstoßend
locker						zwanghaft
loyal						illoyal
mutig						furchtsam
natürlich						gestylt
offen						misstrauisch
ordentlich						unordentlich
ordnungsliebend						nachlässig
pflichtbewusst						pflichtvergessen
praktisch						unpraktisch
präzise						ungenau
problembewusst						leichtfertig
risikobereit						vorsichtig
romantisch						unromantisch
ruhig						nervös, unruhig
sachorientiert						subjektiv
schlagfertig						träge
selbständig						unselbständig
selbstbewusst						schüchtern
selbstkritisch						kritiklos
selbstsicher						unsicher
sensibel						unsensibel
sorgfältig						nachlässig
spontan						nachdenklich
sportlich						unsportlich
sympathisch						unsympathisch
teamfähig						einzelgängerisch
tolerant						intolerant

tonangebend							folgend
treu							untreu
tüchtig							faul
überzeugungsstark							nachgebend
unerschütterlich							gefühlsbetont
unkompliziert							umständlich
unparteiisch							parteiisch
verantwortungsbewusst							verantwortungslos
verlässlich							unzuverlässig
vernünftig							unvernünftig
verständnisvoll							verständnislos
vertrauensvoll							nicht vertrauensvoll
vertrauenswürdig							nicht vertrauenswürdig
vital							ruhig
wagemutig							vorsichtig
wählerisch							direkt, spontan
weltoffen – modern							häuslich – konservativ
willensstark							schwach
zielstrebig							ziellos
zufrieden							unzufrieden
zugänglich							zurückgezogen
zuhörbereit							gelangweilt
zutraulich							misstrauisch
zuverlässig							unzuverlässig

„Am besten setzt du dich hier unter diesen Baum. Dann gehst du in aller Ruhe Zeile für Zeile durch. Lies immer die beiden Eigenschaften. Achtung: Die Paare müssen nicht unbedingt immer Gegensätze sein, wie zum Beispiel bei ehrlich/unehrlich."

„Hier unten zum Beispiel", sagte ich und deutete auf die Liste, „hier steht ‚spontan/nachdenklich'. Das ist nicht unbedingt ein Gegensatz!"

„Exakt. Kreuze zwischen jedem Paar eines der 6 Felder an. Keine Zeile vergessen! Je weiter das Kreuz nach links eingetragen wird, desto eher trifft die linke Eigenschaft zu. Je weiter nach rechts, desto eher die rechte."

„Manches ist mir aber peinlich", wagte ich leicht aufgebracht einzuwerfen.

„Ja, und wo ist die Schwierigkeit?", fragte Winni herausfordernd.

„Weil ich nicht möchte, dass jeder alles über mich erfährt!", rief ich aus.

„Haha", fiel mir Winni ins Wort, „wer soll denn was erfahren? Du schätzt dich doch ganz alleine ein. Niemand muss diese Liste jemals sehen!"

Ich war überzeugt. Schließlich wollte ich ja etwas über mich erfahren. Also setzte ich mich unter den Baum und markierte die Felder mit Kreuzchen. Winni hatte mir einen schönen grün schreibenden Filzstift für die Übung gegeben.

(Liebe Leserin, lieber Leser, übertragen Sie aus der oben aufgeführten Aufstellung für Sie wichtige Charaktereigenschaften in eine Liste. Dann markieren Sie in Ihrer Liste in jeder Zeile ein Feld mit einem Kreuz. Bitte arbeiten Sie erst weiter, wenn Sie die Liste durchgearbeitet haben.)

Das Ankreuzen fiel mir wesentlich schwerer als ich dachte. Manchmal kam ich ganz schön ins Schwitzen. Bin ich treu oder nicht? Na ja. Bin ich gefühlvoll?

Endlich hatte ich jede Zeile mit einem Kreuz versehen.

Da meinte Winni: „Bevor du mir die Liste zurückgibst, verbinde alle Kreuze mit einer durchgehenden Linie von oben nach unten mit deinem grünen Filzstift.

„So?", fragte ich, während ich – oben an der Liste beginnend – ein Kreuz mit dem nächsten verband.

				X	
			X		
		X			
			X		

„Die Kurve sieht lustig aus", rief ich, als ich alle Kreuzchen miteinander verbunden hatte.

„Finde ich auch lustig", pflichtete mir Winni bei, „diese Kurve beschreibt ein Profil. Nennen wir es Eigenprofil."

				X	
			X		
		X			
			X		

(Liebe Leserin, lieber Leser, bitte verbinden Sie Ihre Kreuze durch eine Linie. Am besten nehmen Sie einen Farbstift [zum Beispiel grün]. Bitte arbeiten Sie erst weiter, wenn Sie die Liste durchgearbeitet haben.)

Stolz betrachtete ich mein Eigenprofil.

„Gefällt mir. Was mache ich jetzt damit?"

„Immer langsam", beschwichtigte mich Winni, „lass dir erst erklären, was das Eigenprofil bedeutet."

„Das weiß ich selbst", unterbrach ich Winni, „es zeigt, wie meine Charakter-Eigenschaften sind."

„Nicht ganz", lächelte mich Winni an, „es zeigt lediglich, wie <u>du</u> dich einschätzt. Die vorliegende Einschätzung ist also die, die <u>du</u> von dir hast."

„Ach so", murmelte ich etwas enttäuscht, „verstehe ich richtig, dass mein Eigenprofil nur ausdrückt, wie ich mich <u>einschätze</u>."

„Richtig."

„Aber", gab ich zu bedenken, „könnte es nicht sein, dass mich andere ganz anders bewerten?"

„Nicht bewerten! Einschätzen!"

„Meinetwegen einschätzen."

„Das ist sogar wahrscheinlich. Andere Menschen sehen dich unter Umständen ganz anders, als du dich siehst."

„Aber was nutzt mir dann die ganze Übung?"

„Sie nutzt dir dann etwas, wenn du weißt, wie dich die anderen einschätzen." Winni lehnte sich zurück und beobachtete mich genau.

„Aha, und wie schätzen mich die anderen ein?", wollte ich wissen.

„Das ist eine neue Übung."

9. Fremdbild

Gespannt und voller Erwartung blickte ich Winni an.

Dieser begann: „Das Fremdbild erhalten wir, wenn wir andere Menschen befragen, wie sie uns einschätzen. Für viele Menschen ist es schwierig, andere einzuschätzen. Aber für uns sind diese Einschätzungen dennoch außerordentlich wichtig."

„Das finde ich auch", stimmte ich zu.

„Deshalb", fuhr Winni fort „muss es das Ziel sein, von sehr vielen anderen Menschen eine Einschätzung zu bekommen."

„Wie stelle ich das an?"

Winni peitschte wieder einmal mit seinem Schwanz auf den Boden. Wie aus dem Nichts hielt er in der Hand einen kleinen Stapel Blätter, die er mir entgegenstreckte.

„Hier", forderte er mich auf, „nimm diese Zettel. Du siehst, dass diese Zettel dieselben möglichen Charakter-Eigenschaften auflisten. Oben auf dem Zettel steht ‚Fremdbild'. Verteile die Zettel an Bekannte, Verwandte, Freunde, Kollegen, Nachbarn und so weiter. Bitte sie, diese Zettel (anonym) auszufüllen und dir zurückzugeben."

„Ob die da mitmachen?", warf ich ein.

„Das werden sie auch, wenn du ihnen glaubhaft versicherst, dass du nicht wissen willst <u>wer</u> dich einschätzt, sondern <u>wie</u> du eingeschätzt wirst."

„Hm", nickte ich.

„Deshalb solltest du auch selbst nicht versuchen, rauszubekommen, <u>wer</u> was schreibt."

„Wie setze ich das am besten um?"

„Zum Beispiel könntest du jedem Befragten einen neutralen Umschlag geben. Auf dem Umschlag gibst Du deinen Namen als Empfänger an."

„Und dann?"

„Nun, die ausgefüllten Zettel werden dir (anonym) in den Umschlägen in den Briefkasten geworfen. Oder noch besser, du klebst auf jeden Umschlag eine Briefmarke, sodass der Absender – wo immer er auch wohnt – den Brief zur Post bringen kann."

„Hört sich ja ganz spannend an", warf ich ein.

„Ist es auch", meinte Winni schmunzelnd, „je mehr Personen bei diesem Spiel mitspielen, desto besser für dich."

„Wieso?"

„Weil du dann einen Durchschnitt der Meinungen anderer Menschen über dich erhältst. Je mehr Einschätzungen zu erhältst, desto ehrlicher ist das Fremdbild."

„Ja, das sehe ich auch so", stimmte ich zu.

(Liebe Leserin, lieber Leser, bitte kopieren Sie für die ‚Fremdeinschätzung' so viele Kopien der Liste wie Sie benötigen. Lassen Sie sich von möglichst vielen anderen Menschen eine Fremdeinschätzung geben. Bitte arbeiten Sie erst weiter, wenn Sie alle ausgefüllten Listen ‚Fremdeinschätzung' zurückerhalten haben.)

„Was stelle ich mit all den ausgefüllten Zetteln an?", frage ich Winni.

„Sobald du alle Zettel erhalten hast, bildest du einen (mathematischen) Durchschnitt der Einschätzungen."

„...?", fragend schaute ich Winni an.

„Als Beispiel", erklärte Winni, „schauen wir uns die 1. Zeile an. Nehmen wir an, zehn Personen hätten dich eingeschätzt. Sechs Kästchen stehen uns pro Zeile zur Verfügung. Wir schauen uns also bei allen Einschätzungen jetzt nur die 1. Zeile an. Die könnte so angekreuzt worden sein."

Mit einer ausschweifenden Handbewegung malte Winni in die Luft und nach und nach erschienen jeweils die angekreuzten Bilder in der 1. Zeile.

Fremdeinschätzung						
1. Person		X				
2. Person			X			
3. Person			X			
4. Person				X		
5. Person		X				
6. Person		X				
7. Person			X			
8. Person		X				
9. Person				X		
10. Person			X			

„Es ergaben sich 4 x 2. Feld, 4 x 3. Feld, 2 x 4. Feld", Winni rechnete, „nehmen wir alle Felder zusammen und teilen durch 10 (4 x 2 = 8, 4 x 3 = 12, 2 x 4 = 8. 8 + 12 + 8 = 28. Geteilt durch 10 gleich 2,8). Also liegt die Fremdeinschätzung beim Feld 2,8 von links."

„Ja, stimmt."

„Dieses Ergebnis wird mit einem roten Stift auf die ursprüngliche (also auf deine Liste mit der Selbsteinschätzung) übertragen."

„Dann habe ich neben meinem grünen Selbst-Profil in jeder Zeile ein rotes Kreuz der Fremdeinschätzung?"

„Genau."

„Die roten Kreuze verbinde ich auch wieder mit einer Linie?"

„Ja, bitte. Du erhältst dann eine rote Kurve, die die Fremdeinschätzung deiner Person darstellt."

„Ist ja toll", stellte ich fest, „aber die Kurven müssen nicht deckungsgleich übereinanderliegen."

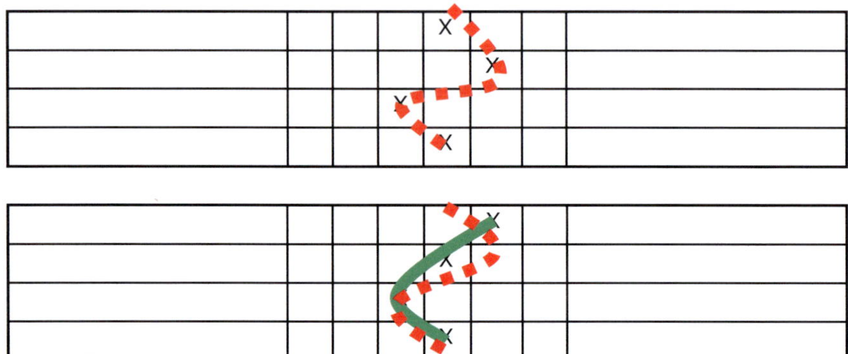

(Liebe Leserin, lieber Leser, bitte gehen Sie mit Ihren Fremdeinschätzungen in gleicher Weise vor. Nach Übertragen der Kreuze verbinden Sie diese zu einer Kurve. Arbeiten Sie bitte dann erst weiter.)

„Das scheint mir eher unwahrscheinlich", entgegnete daraufhin Winni, „in einigen Punkten wird die Kurve bestimmt deckungsgleich sein. Das bedeutet dann, dass du von anderen genauso eingeschätzt wirst, wie du dich selbst einschätzt. Das ist gut."

„Was tun, wo es nicht übereinstimmt?", wollte ich wissen.

„Zwei Möglichkeiten", erwiderte Winni, „erstens, du wirst ‚besser' eingeschätzt, als du dich selbst siehst."

„Das wäre schön."

„Ja, und es bringt dir keinen Nachteil. Also lassen wir es so. Wir haben nichts dagegen, wenn andere uns zum Beispiel sportlicher einschätzen als wir uns selbst."

„Das sehe ich auch so. Und da wo's schlechter ist?"

„Schlechter heißt nur, dass uns andere <u>anders</u> einschätzen. Wenn wir nicht wollen, dass wir anders eingeschätzt werden, <u>können</u> wir etwas an unserem Erscheinungsbild tun."

„Aha?", ich sah Winni erstaunt an.

10. Das Erscheinungsbild

Winni setzte eine seriöse Mine auf. „Wenn du möchtest, dass andere dich anders (= besser) einschätzen, dann kannst du dein Bild anpassen."

„Wie das?"

„Du kannst andere fragen, was du tun könntest, um dein Erscheinungsbild anders wirken zu lassen. Oft sind es Dinge wie: fehlendes Lächeln …"

„Ja, ich habe mal gehört ‚Lächeln entwaffnet'", unterbrach ich.

„... richtig", fuhr Winni fort, „fehlender Blickkontakt, unpassende Kleidung, aufdringliches Make-up oder übertriebener Schmuck, ausgefallene Farben in der Kleidung und viele andere Dinge mehr."

„Na ja, eine grellgrüne Hose und ein lila gestreiftes Hemd ist zum Beispiel nicht meine Sache."

„Siehst du! Allerdings", Winni hob warnend einen Finger, „es kann sehr weh tun, wenn du eine Rückmeldung dieser Art erhältst."

„Wieso denn das?", wollte ich wissen.

„Nun, es ist nicht jedermanns und jederfrau Sache, ‚Kritik' in dieser Art Feedback (Rückmeldung) immer nur sachlich anzunehmen. Eine Information wie: ‚du lachst zu wenig' kann schon wehtun."

„Ja, vielleicht", gab ich zögernd zu. „Aber, ich will ja wissen, wie andere von mir denken. Dann muss ich solch eine Aussage auch mal verkraften können!", sagte ich selbstbewusst und überzeugt.

„Bravo!", lobte mich Winni, „dann fange gleich damit an."

Es gab einen kleinen Blitz, eine kleine Staubwolke stand in der Luft – und Winni war verschwunden.

Ich überlegte, wen ich alles in dieses Spiel einbinden konnte und wollte. Es gab schon einige, die ich fragen wollte. Ich nahm mir fest vor, mit diesem Vorhaben noch in dieser Woche zu beginnen.

Teil 2
Das 3H-Modell

1. Vor- und Nachteile einer Typologie

Verhaltensmuster – Versuch einer Typologie.

Ein Tag war vergangen, ich saß über meinem Bürokram, da stand plötzlich und lautlos Winni neben mir und betrachtete interessiert meine Zimmereinrichtung.

„Hallo, Winni", wobei ich nicht so sicher war, weshalb Winni mich ausgerechnet jetzt aufsuchte.

„Hallo, Sigi", antwortete Winni fröhlich, „es ist doch völlig gleich, warum ich bei dir erscheine."

Fragend sah ich ihn an.

„Du bist dir nicht so sicher, ob jetzt der richtige Moment für mein Erscheinen ist."

Ich bekam rote Ohren, weil ich mich ertappt fühlte.

„Jeder Zeitpunkt ist der richtige", belehrte mich Winni, „irgendwann werden wir uns auch über die Zeit unterhalten."

Winni klatschte einmal in seine Hände. „Also, Sigi, was verstehst du unter Typologie?" Er schaute mich sehr herausfordernd an.

„Typologie? Keine Ahnung, nie gehört!"

„Ach, Sigi", fuhr mich Winni an, „stell dich mal nicht so dumm und unerfahren an. Du kennst doch das Wort ‚Typ', oder?"

„Klar", murrte ich.

„So, also Typologie kommt aus dem Griechischen und kann in etwa so übersetzt werden: die Lehre von den Typen, die Einteilung nach Typen. Der Vorteil ist, dass es uns leichter fällt, mit Menschen umzugehen, wenn wir sie in Typen einteilen. Die Typologie gibt uns eine Art Sicherheit, um nicht jeden Menschen und dessen Verhaltensmuster neu definieren zu müssen."

„Und was ist der Nachteil?"

„Wie du aus dem gestern Erfahrenen bereits gelernt hast, ist der Nachteil die riesige Gefahr, einen Menschen unkritisch in eine Schublade zu stecken."

„Ja, ich sehe den Zusammenhang."

„Wenn wir unser folgendes Thema nicht überbewerten, lässt sich mit dem Gedankenmodell ‚3H-Modell' wunderbar umgehen."

„Da bin ich aber gespannt, Winni. Fang mal an", forderte ich ihn auf.

2. Hand – Herz – Hirn

Auslegungen zu ‚Hand – Herz – Hirn'

Lieber Leserin, lieber Leser,

alle dargestellten Typen sind der Deutlichkeit halber überspitzt beschrieben. Alle Typen haben ihre Vorteile. Es gibt keinen schlechten Typ. Keine Leserin, kein Leser soll durch diese Darstellungen persönlich angegriffen werden. Das 3-H-Modell ist ein Denkmodell und somit als solches bereits angreifbar. Sehen

*Sie es bitte als Möglichkeit, Verhaltensmuster von Menschen in einer bestimm-
ten Art zu betrachten.*

„Die drei H's stehen für die drei ‚Komponenten'

- Hand

- Herz

- Hirn

Also heißt das Modell ausgesprochen ‚Hand-Herz-Hirn-Modell'!"

„Soweit kann ich folgen."

„Wir nehmen an, dass sich das Verhalten eines Menschen aus allen drei Komponenten zusammensetzt. Jeder Mensch ist demnach ein Hand-Herz-Hirn-
Mensch. Andererseits ist jeder Mensch verschieden. Deshalb sagt unser Modell, dass bei jedem Menschen der prozentuale Anteil der drei Komponenten
Hand-Herz-Hirn verschieden ist."

„Du meinst, einer hat zum Beispiel 40 % Hand-Komponente, 35 % Herz-Komponente und 25 % Hirn-Komponente, beim nächsten ist's aber umgekehrt?"

„Genau. Gehen wir im Weiteren davon aus, dass eine der drei Komponenten
am stärksten ausgeprägt ist und somit das Verhalten des Menschen überwiegend beeinflusst."

„Also, wenn einer zum Beispiel ein Hand-Mensch ist, bedeutet das für uns,
dass seine Hand-Komponente prozentual am stärksten ausgeprägt ist?"

„Exakt, so meine ich das."

Winni atmete erleichtert auf. Bestimmt war er froh, dass ich das so schnell
kapiert hatte. Winni fuhr fort: „Lass uns nun im Folgenden je einen typischen
Hand-, Herz- und Hirn-Menschen betrachten."

Winni räusperte sich, stand auf und sprach im hin- und hergehen weiter. „Stell
dir vor Sigi, wir laden je einen Hand-, Herz und Hirn-Typ zu einem Versuch
ein. In einem Raum haben wir drei Tische aufgestellt. Auf jeden Tisch haben
wir einen Sack Kartoffeln geschüttet. Rechts und links neben jedem Tisch
steht je ein Eimer."

„Geht jeder H-Typ zu einem Tisch?"

„Ja, Die Aufgabe für jeden heißt: Gib die großen Kartoffeln links in den Eimer,
die kleinen Kartoffeln rechts in den Eimer."

„Sollen am Ende alle Kartoffeln vom Tisch in die Eimer verteilt sein?"

„Ja, und zwar genau so, dass alle großen im linken und alle kleinen im rechten
Eimer sind. Die Tische sollen leer sein."

„Was geschieht?"

„Beobachten wir alle drei Testpersonen in den ersten Minuten der Übung. An allen Tischen geschieht das Gleiche. Die ganz großen Kartoffeln verschwinden sofort, die ganz kleinen ebenso. Aber dann nähern wir uns dem kritischen Moment. Es scheint nicht mehr eindeutig zu sein, ob die verbliebenen Kartoffeln eher als groß oder eher als klein einzustufen sind."

„Tja, das kann ich gut nachvollziehen. Ich sehe das richtig vor mir", lachte ich.

Auch Winni lachte, besonders jetzt, weil er wusste, was noch folgen würde. „Konzentrieren wir uns auf den Tisch des Hirn-Typs."

„Ok."

„Er, wie die anderen auch, kann die Größe nicht eindeutig ermitteln. Um herauszufinden, ob eine Kartoffel als groß oder klein zu werten ist, geht er wie folgt vor:

Er vermisst alle großen Kartoffeln in seinem linken Eimer.

Er vermisst alle kleinen Kartoffeln in seinem rechten Eimer.

Er errechnet, ab welcher gemessenen Zahl eine Kartoffel als groß beziehungsweise klein einzustufen ist.

Er vermisst die noch auf dem Tisch liegenden Kartoffeln.

Er weiß nun aufgrund seiner Berechnungen, in welchen Eimer welche Kartoffeln gehören.

Er ordnet die Kartoffeln zu und hat damit die gestellte Aufgabe erfüllt.

„Uh, wie umständlich", stöhnte ich.

„Dafür ist das Ergebnis hundertprozentig. Wir halten fest: Das Ergebnis beim Hirn-Typs ist

- sehr zeitaufwendig
- sehr genau, hundertprozentig."

Nun schauen wir uns den Tisch des Herz-Typs an. Auch er weiß nicht, sind die verbliebenen Kartoffeln groß oder klein. Verzweifelt schaut er in seinen linken, dann in seinen rechten Eimer. Schließlich auf den Tisch. Er nimmt eine der verbliebenen Kartoffeln und kann sich nicht entscheiden, wohin damit. Er überlegt und legt schließlich eine Kartoffel nach der anderen dem Gefühl nach mal in den rechten, mal in den linken Eimer."

„Hört sich lieb an", warf ich ein.

„Sein Ergebnis ist nicht hundertprozentig. Wir halten fest: Das Ergebnis beim Herz-Typ ist

- weniger zeitaufwendig
- genau - aber nicht hundertprozentig."

„Jetzt bin ich auf den Hand-Typ gespannt!" Tatsächlich war ich nun richtig ungeduldig.

„Beim Hand-Typ geht alles ruck, zuck! Er fackelt nicht lange und schiebt ganz einfach einen Teil der verbliebenen Kartoffeln in den linken, den Rest in den rechten Eimer. Dann reibt er sich die Hände und sagt: ‚fertig, was nun?' Wir halten fest:

Das Ergebnis beim Hand-Typ:

- sehr zeitsparend
- sehr ungenau.“

„Welches Ergebnis ist nun das beste?“

„Je nachdem, wie der Maßstab angelegt ist. Kommt es auf Schnelligkeit an, dann hat der Hand-Typ das beste Ergebnis. Liegt der Wert auf der Exaktheit, dann gewinnt der Hirn-Typ. Wird der Kompromiss bevorzugt, dann hier wohl eher das Verfahren des Herz-Typs. Alles ist richtig, deshalb ist der eine H-Typ nicht besser oder schlechter als ein anderer H-Typ. Jeder ist gut. Schauen wir uns die einzelnen Typen nacheinander an.“

3. Der Hirn-Typ

„Will der Hirn-Typ ein Gemälde an die Wand bringen“, fuhr Winni fort, „wird's eine langwierige Sache. Ich stelle überspitzt dar: Hirni läuft zum Schreibwarenhändler, um dort Millimeterpapier, Bleistift und Bleistiftspitzer zu kaufen. Wieder zu Hause misst er die Stelle <u>exakt</u> aus, an der das Gemälde angebracht werden soll. Er überträgt die Maße sauber auf das Millimeterpapier und vergisst nicht, die Stellen einzuzeichnen, an der sich die Steckdosen und Lichtschalter befinden. Hirni markiert genau die Stelle, an der der Nagel eingeschlagen werden muss. Bewaffnet mit Wasserwaage und Senklot ermittelt er daraufhin die Markierung für den Nagel an der Wand. Hier gehört der Nagel fürs Gemälde hin.“

Winni stoppte mit seinen Ausführungen.

Ich wunderte mich und fragte: „Wie geht's weiter? Schlägt er den Nagel nicht ein?“

„Vielleicht“, wiegte Winni unschlüssig den Kopf hin und her, „er wird ihn schon einschlagen, obwohl das eher eine Arbeit für den Hand-Typ ist.“

„Ich kann mir das sehr gut vorstellen, Winni, so zwei Hirnis zusammen. Bestimmt können die gut Schach miteinander spielen …“

„Und ob“, stimmte mir Winni zu, „sie können stundenlang über den nächsten Zug brüten, ohne dabei ungeduldig zu werden. Ich liste hier typische Eigenschaften des Hirn-Typ auf:

- cool
- ,geht über Leichen'
- bedacht auf Vorteile (für sich beziehungsweise für seine Auftraggeber)
- wägt Vor- und Nachteile genau ab
- denkt logisch
- geht Schritt für Schritt vor
- überlegt alle Pros und Kontras
- tut sich sehr schwer mit Entscheidungen
- organisiert

Das typische Büro des Hirnis, auch hier wieder überspitzt dargestellt:

- kahl
- Schreibtisch, Stuhl
- Computer, Handy, Kalender

- Stapel endloser Unterlagen (könnte ja alles noch gebraucht werden)
- vielleicht noch ein halbvertrockneter Gummibaum am Fenster"

Beide mussten wir über das Bild des Hirn-Menschen lachen. Ich sah in meinem sozialen Umfeld den einen oder anderen, auf den das Hirn-Modell gut zutraf.

4. Der Herz-Typ

„Vom Herz-Typ weiß ich ja schon, dass er sich schwer tut, Entscheidungen zu treffen. Wie bekommt der denn das Gemälde an die Wand?"

„Herzi lässt sich vom Gefühl steuern. Er hält das Gemälde an die Wand und schaut, wo es wohl am ansehnlichsten wirkt. Hier steht schon eine Pflanze, dort eine Anrichte mit Vase. Herzi hält das Gemälde hier hin und da hin und ist sich nie ganz sicher, wo es am besten hinpasst. Am liebsten würde er zwei Gemälde aufhängen."

„Hängt er denn das Gemälde auf?"

„Am liebsten ist es ihm, wenn ein anderer für ihn die Entscheidung trifft. Denn er möchte es allen recht machen. Hier typische Eigenschaften des Herz-Typs:

- sehr gefühlsorientiert
- will es jedem recht machen
- will niemanden verletzen
- harmoniebedürftig
- kann nicht ,nein' sagen
- lässt sich ausnutzen
- sehr gerne als Gast gesehen
- sehr hilfsbereit

Das typische Büro des Herz-Typs:

- auf dem Schreibtisch ein Foto des Partners/der Partnerin
- Zierdeckchen
- Bilder an den Wänden
- viele Pflanzen
- gemütliche Sitzecke"

„Bestimmt hat er ein Plüschtier oder einen Glücksbringer am Computer kleben", konnte ich mir nicht verkneifen zu ergänzen. Wieder mussten wir beide herzhaft lachen.

5. Der Hand-Typ

„Ich mache dir einen Vorschlag, Winni."

„Ja, bitte?"

„Ich versuche nun zu beschreiben, wie Handi ein Gemälde aufhängt."

„Dann riskier es mal", forderte mich Winni auf.

„Handi nimmt einen Nagel und einen Hammer, geht zur Wand und haut sofort den Nagel in die Wand. Fertig."

„Bravo, ausgezeichnet, Sigi. Er hängt das Bild direkt auf, egal, ob es schief hängt – die Hauptsache ist, es hängt!"

„Und welches sind die typischen Eigenschaften des Hand-Typs?

- direkt
- schnell
- ich-bezogen
- erst handeln - dann denken
- sagt, was er meint
- eckt deswegen mit seiner Offenheit oft bei anderen an.

Und Handis Büro?

- Möbel dürfen selbstgezimmert sein
- Dübel in der Wand, an dem ein ‚Schwein' aufgehängt werden könnte
- praktisch aber auch
- chaotisch wirkend"

„Es würde mich nicht wundern, wenn sein Auto arg verbeult wäre."

Und es war das dritte Mal heute, dass wir aus vollem Hals lachen durften.

6. Jeder Einzelne ist ein Individuum

Nachdem wir uns wieder beruhigt hatten, setzte Winni wieder ein ernstes Gesicht auf. „Sigi, trotz allem wollen wir festhalten, dass es den ganz reinen Hand-, Herz- oder Hirn-Typ nicht gibt. Jeder Mensch trägt Eigenschaften beziehungsweise Fähigkeiten aller drei Komponenten in sich. Alle drei Komponenten zusammen ergeben rechnerisch 100 Prozent. Ich denke, dass die das Verhaltensmuster dominierende Komponente rechnerisch nicht mehr als 50 % ausmacht."

„Wie kommst du darauf?"

„Weil sonst die dritte Komponente viel zu schwach ausgeprägt wäre. Und überlege doch - nehmen wir eine junge, alleinerziehende Mutter, die sich durchs Leben schlägt. Sie benötigt die Hand-Komponente, um ihr Kind gegen Angriffe von außen zu schützen! Sie benötigt die Herz-Komponente, um Liebe und Zuneigung für ihr Kind zu empfinden und sich für das Kind ‚aufzuopfern'. Sie benötigt die Hirn-Komponente, um sich und das Kind ernähren zu können, weil sie wissen muss, wo und was sie einkaufen kann."

„Hat denn jeder nicht von jeder Komponente je 33,3 %?" Gerade, als ich die Frage stellte, war mir schon klar, dass die Antwort ‚nein' sein musste.

„Wieso ‚nein'?", fragte mich Winni lächelnd, nachdem er meine Gedanken gelesen hatte.

„Sehr wahrscheinlich würden sich dann die Komponenten gegenseitig behindern. Immer, wenn eine Komponente aktiv würde, wären die beiden anderen unzufrieden. Vielleicht könnte der Mensch so nicht mehr zufrieden leben."

„Wunderschöne Überlegung, der ich mich gerne anschließe. Sind wir uns einig?"

„Klar, Winni."

„Dann einen kleinen Test zum Tages-Abschluss, o.k.?"

Winni schnippte mit seinen Fingern und legte mir ein Blatt vor. „Bitte schreibe in Stichwörtern auf das Blatt, wie die 3 H-Typen im Supermarkt ihr Müsli einkaufen."

(Liebe Leserin, lieber Leser, bitte nehmen Sie ein Blatt und ergänzen Sie die Angaben zu den drei Typen. Dann arbeiten Sie weiter. Mögliche Deutung danach.)

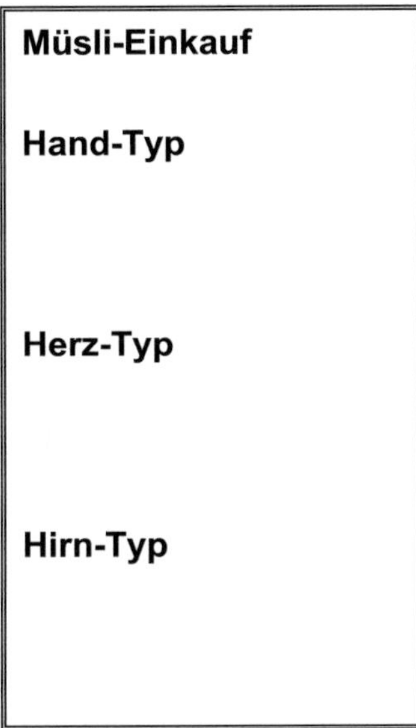

Ich füllte die Liste aus, übergab sie Winni, der mit einem Lächeln und mit einem – meines Erachtens unnötigen – lauten Knall verschwand.

Mögliche Deutungen Müsli- Einkauf

Hand-Typ	Hirn-Typ	Herz-Typ
- geht zum Regal - greift irgendeine Packung - und kauft diese.	- vergleicht alle Müsli-Packungen im Verhältnis zu Menge, Preis und Rosinenanteil - errechnet die – aus seiner Sicht – vorteilhafteste Packung - benötigt lange für die Entscheidung, hat aber – aus seiner Sicht – mit großer Wahrscheinlichkeit das beste Preis-Leistungsverhältnis gefunden.	- sucht die Packung, die auf ihn optisch am schönsten wirkt - tut sich schwer mit der Entscheidung (weil es viele schöne Packungen gibt) - kauft vorsichtshalber zwei oder drei Packungen, da er sich nicht für eine entscheiden kann.

Teil 3
Was kann ich?

1. Meine Stärken

Am nächsten Morgen bat mich Winni, ihm ein Spiegelei zuzubereiten.

„Das kann ich nicht", erwiderte ich.

„Dann zeige ich's dir."

Winni zeigte es mir. Dann wünschte Winni noch ein Omelett.

„Das kann ich auch nicht", musste ich gestehen.

„Dann zeige ich's dir."

Winni unterstützte mich. Nicht zu fassen, aber dann wollte Winni auch noch ein Rührei essen!

„Das kann …"

„… ich auch nicht", fiel mir Winni ins Wort.

Nickend stimmte ich ihm zu.

Während Winni wortlos anfing ein Rührei zu braten, sagte er, mir den Rücken zuwendend: „Weißt du, Sigi, es gibt unendlich viele Dinge im Leben, die weder du noch ich können. Aber bestimmt gibt es auch Dinge, die du kannst, oder?"

„Aber klar doch", rief ich aus, „zum Beispiel kann ich mit dem Computer arbeiten, ich kann gut Tabellen erstellen, ich kann Auto fahren, ich kann gut den Haushalt versorgen, ich kann …"

„… positiv denken", fiel mir Winni nochmal ins Wort, „und du kannst gut mit Menschen umgehen und du kannst gut zuhören und trösten und vieles mehr."

Tatsächlich, als ich mir das so alles anhörte, stellte ich fest, dass ich doch eine Menge konnte.

„Hier", sagte Winni und gab mir eine Liste, „schreib auf, was du fachlich alles kannst. Du wirst staunen."

Ich nahm die Liste und schrieb auf: „Ich kann …

(Liebe Leserin, lieber Leser, bitte schreiben Sie in die Liste, welche fachlichen Fähigkeiten Sie haben. Arbeiten Sie danach weiter.)

Ich staunte, was mir alles einfiel. Das Blatt füllte sich recht schnell. So etwas Ähnliches wie Stolz schlich sich in meine Brust.

Stolz und mit leicht geschwellter Brust übergab ich die Liste. Erwartungsvoll schaute ich Winni an.

Winni blickte auf die Liste. Er schien zufrieden zu sein und lächelte mich an. „Siehst du, was du alles kannst. Du kannst stolz auf dich sein."

„Ja, das bin ich."

„Und nun", fuhr Winni fort, „fülle diese zweite Liste aus. Hier sind eher Fähigkeiten deines täglichen Lebens gefragt."

„So, wie eben schon erwähnt ‚gut zuhören' und ähnliches?", wollte ich wissen.

„Genau solche", munterte mich Winni auf.

(Liebe Leserin, lieber Leser, bitte schreiben Sie auf eine Liste, welche menschlichen Fähigkeiten Sie haben. Arbeiten Sie danach weiter.)

<table>
<tr><td>Menschliche Fähigkeiten

</td></tr>
</table>

Ich wunderte mich nochmal, wie viele Punkte zusammenkamen. Ich hätte nie gedacht, dass ich <u>so</u> viel kann. Weiterhin erkannte ich, dass sich meine menschlichen und fachlichen Stärken manchmal überschnitten.

„Das kann sein", sagte Winni.

Ich war erstaunt. „Was kann sein?", frage ich Winni.

„Es kann sein, dass sich menschliche und fachliche Fähigkeiten überschneiden."

Ich stutzte. Konnte Winni Gedanken lesen?

„Ja, kann ich – das weißt du doch!"

Hatte ich ja ganz vergessen. Winni war ja ein Produkt meiner Fantasie.

„Du weiß doch, ich bin ein Teil deiner selbst." Winni lächelte mich an.

„Ja, ja, stimmt", murmelte ich.

Ich schaute nochmal auf meine beiden Listen. Toll!

Ich fühlte, wie mein Selbst-Bewusst-Sein gewachsen war – und das war wohl der Zweck der Übung.

2. Meine Schwächen

Winni wäre nicht Winni, wenn er mich nicht ganz schnell wieder von meinem hohen Ross heruntergeholt hätte. „Moment, Moment, Sigi. Wenn es Stärken gibt, gibt es auch Schwächen."

Ernüchtert schaute ich Winni an.

„Daran hast du jetzt wohl nicht gedacht, hm?"

Ich musste eingestehen: nein.

„Du, ich muss dir was erzählen. Da wo ich herkomme, meinen fast alle, keine Schwächen zu haben. Das ist natürlich Unfug. Wer Stärken hat, hat auch Schwächen. Das ist doch menschlich, oder? Was habe ich davon, immer nur zu hören, wie toll, klasse, gut einer ist. Da habe ich eine Menge zu tun, die mal wieder richtig auf den Teppich zu kriegen oder, wie ihr manchmal sagt, auf den Topf zu setzen. Zu dir: du wärst kein Mensch, wenn du nicht auch Schwächen hättest. Die größte Schwäche wäre zu sagen: Ich hab keine Schwäche! Aber du bist keine Maschine, sondern ein Mensch. Und nun, Sigi, verrate mir einige deiner Schwächen."

Winni forderte mich auf, einige meiner Schwächen zu offenbaren? Wie peinlich!

„Muss dir nicht peinlich sein", schubste mich der Gedanken lesende Winni an. „Hier ist eine Liste und nun schreib auf." Dabei überreichte er mir eine – wie aus dem Nichts aufgetauchte – Liste. Darauf stand: ‚Meine Schwächen!' Ich machte mich an die Arbeit.

(Liebe Leserin, lieber Leser, bitte schreiben Sie in eine Liste, welche menschlichen Schwächen Sie haben. Drei genügen. Danach arbeiten Sie bitte weiter.)

Mühsam hatte ich vier Schwächen zusammengestellt. Ich überreichte, leicht widerstrebend, Winni meine Liste.

Winni warf mit undeutbarer Mimik einen Blick auf die Liste. Wortlos legte er sie beiseite. Schließlich sagte er: „Das Wichtigste bei dieser kleinen Übung war, dass du dir darüber bewusst wirst, dass du Schwächen hast. Und natürlich, welche Schwächen es sind."

„Na gut", wagte ich einzuwerfen, „was fange ich nun mit meinem Wissen an?"

3. Schwächen in Stärken umwandeln

Schwächen sind nicht ausgebaute Stärken.

„Du kannst deine Schwächen in Stärken umwandeln. Du kannst sie aber erst dann umwandeln, wenn du sie kennst. Jetzt kennst du sie. Jetzt schauen wir, wie wir diese Schwächen in Stärken umwandeln."

Ich war außerordentlich gespannt und hörte deshalb Winnis weiteren Äußerungen sehr aufmerksam zu.

„Nehmen wir an, jemand sagt, seine Schwäche sei Unpünktlichkeit, dann wandelt er diese Schwäche um in ‚ich bin flexibel in der Zeiteinteilung'!"

Ich war entsetzt. Das sollte alles sein? „Das kann doch nicht wahr sein, Winni!", rief ich entrüstet aus, „so einfach kommst du mir aber nicht davon!"

„Beruhige dich, Sigi. Stelle dir vor, du bist in einem Bewerbungsgespräch und antwortest auf die Frage nach deiner Schwäche mit Unpünktlichkeit. Die Chance, dass du den angestrebten Posten erhältst sinkt deutlich ab. Oder?"

„Soweit ja", antwortete ich trotzig.

„Weiter, wie kommst du hier raus? Lügen wollen wir ja nicht, oder Sigi?"

„Nein, natürlich nicht." Ich wurde schon ruhiger.

„Eben. Wir lassen die Unpünktlichkeit zu einer Stärke werden, indem wir sagen, dass wir gerne später mit der Arbeit beginnen. Natürlich dafür auch etwas länger arbeiten – versteht sich von selbst. Damit zeigen wir deutlich eine zeitliche Flexibilität. Bist du nicht der Meinung, dass wir im 21sten Jahrhundert eher Flexibilität als Stabilität bevorzugen? Stabilität im Sinne von Unbeweglichkeit wohl gemerkt!"

„An sich schon", gab ich zögernd zu. Winni hatte Recht. „Du hast Recht, Winni. Wir schreien nach längeren Öffnungszeiten, nach 24-Stunden-Service, nach Rund-um-die-Uhr-Dienstleistung. Das Internet zeigt uns, wie es geht."

„Erscheint die zeitliche Flexibilität (Mobilität) plötzlich nicht in einem anderen Licht?", wollte Winni in leicht herausforderndem Ton wissen.

„Oh, in diesem Sinne schon", gab ich mich geschlagen.

„Na, siehst du". Winni rieb sich die Hände. „Schauen wir uns eine andere Schwäche an: ‚ich kann nicht im Team arbeiten'."

„Das ist aber eine große Schwäche", platzte es mir heraus. In fast jeder dritten Stellenanzeige wird heute Teamfähigkeit erwartet. Schlechte Karten für den Bewerber."

„Genau."

„Wie wandle ich diese Schwäche in eine Stärke um?"

„Versuchen wir es. Zum Beispiel: ‚Natürlich kann ich in einer Gruppe arbeiten (Gruppe ist nicht gleich Team, Sigi). Aber gerade, wenn ich total auf mich alleine gestellt bin, entwickle ich meine größte Energie, um auch die schwierigste Aufgabe zu bewältigen'. Akzeptiert?"

„Jaa", stimmte ich gedehnt zu, „na ja. Was macht denn einer, der sagt ‚ich verzettle mich gerne'?"

„Hier könnte er sagen: ‚bevor ich mich entscheide, betrachte und analysiere ich die gestellte Aufgabe genauestens von allen Seiten!'" Winni grinste mich an.

„Perfekt!", rief ich aus, „Das gefällt mir super-gut! Oh – noch ein Beispiel. Einer sagt: ‚Ich bin Perfektionist' und kommt kaum zu einem lieferbaren Ergebnis. Was dann?"

„Auch einfach", meinte Winni, „er sagt zum Beispiel: ‚Ich kann mich so in eine Sache vertiefen, dass ich Gott und die Welt um mich vergesse. Ich arbeite so lange, bis ich die Lösung gefunden habe'!"

„Auch Klasse!", rief ich aus. Ich glaubte, das System verstanden zu haben. „Warte mal Winni, ich versuche, ob ich meine vorhin aufgelisteten Schwächen ebenso originell in Stärken umwandeln kann."

„Das kannst du bestimmt. Hier deine Liste. Wandle deine Schwächen in Stärken um und schreibe sie hier in die nächste Liste. Dann – sei wie du bist. Nimm dich mit deinen Stärken und Schwächen."

(Liebe Leserin, lieber Leser, wandeln Sie Ihre Schwächen in Stärken um. Schreiben Sie sie auf und arbeiten Sie danach weiter.)

Teil 4
Der Erste Ein-
druck

1. Die ‚Ersten 7 Sekunden'

Wieder war ein Tag vergangen. Gerade hatte ich den Abwasch erledigt. Als ich mich umdrehte, stand plötzlich Winni vor mir. Vor Schreck ließ ich das Geschirrtuch fallen.

„Hast du mich jetzt erschreckt!", rief ich aus.

„So?", grinste mich Winni harmlos an, „Hast du ein so schlechtes Gewissen?"

„Nein", entgegnete ich, „ich erschrecke nur, wenn du so plötzlich aus dem Nichts auftauchst."

„Ich stehe schon eine ganze Weile hier", korrigierte mich Winni.

„Oh", sagte ich erstaunt, „warum hast du nichts gesagt?"

„Weil ich dich erst mal arbeiten lassen wollte, bevor ich dich mit dem nächsten Thema ablenke."

Sofort war ich Feuer und Flamme.

„Was glaubst du, Winni, wie lange ein Mensch unserer Gesellschaft benötigt, um sich einen ersten Eindruck von einer Person, einer Sache, einem Vorgang zu bilden?"

„Ich überlegte einen Moment. Dann entschied ich mich: „Eine Minute vielleicht?" Ich schaute Winni unsicher an.

„Nein, Sigi, es sind sage und schreibe 7 Sekunden! Wohlgemerkt <u>nur</u> sieben Sekunden! Wobei neuere Untersuchungen davon ausgehen, dass weniger als eine Sekunde notwendig ist! Lass für uns einfach die Angabe 7 Sekunden gelten. Im Sinne von: ‚Wir benötigen maximal 7 Sekunden, um uns einen ersten Eindruck zu bilden."

„Das hätte ich nicht gedacht. Nur maximal 7 Sekunden?" Leicht zweifelnd schaute ich Winni an.

Winni fuhr fort: „Natürlich muss der erste Eindruck nicht korrekt sein. Vielleicht ist der Mensch ganz anders, als er uns erscheint. Aber vor allem: Wir haben uns nach höchstens sieben Sekunden einen Eindruck gebildet. Und aus unserer Sicht – also subjektiv gesehen – gilt der erste Eindruck als richtig. Wir haben einen Menschen als aufrichtig, gehemmt, freundlich, selbstbewusst, verkaufsorientiert handelnd und so weiter eingeschätzt."

„Damit bin ich einverstanden", stimmte ich zu.

„Wie kann es sein, dass wir einen Menschen nach so kurzer Zeit einschätzen? Vielleicht hat dieser Mensch noch gar nichts gesagt! Also mit anderen Worten scheinen wir auf Dinge, Elemente, Ausstrahlungen, die nicht-gesprochen also nonverbal erfolgen, zu reagieren. Du kannst dir das nicht vorstellen? Du schätzt einen Menschen nach einer solch kurzen Zeit noch nicht ein? Na, wollen wir ein kleines Spiel spielen."

Nein, ich wollte nicht zustimmen. Ich war mir ziemlich sicher, dass ICH einen Menschen nicht nach 7 Sekunden einschätzen würde. „Dann bin ich mal auf dein kleines Spiel gespannt." Herausfordernd schaute ich Winni an.

„Stelle dir vor, du sitzt als Reisebürofachkraft am Schalter in deinem Reisebüro. Es ist nicht allzu viel zu tun. Dein Reisebüro befindet sich in einer mittelmäßig benutzten Fußgängerpassage. Durch große Schaufenster schaust du direkt hinaus in die Fußgängerpassage. Plötzlich siehst du einen – du schätzt – circa 35-jährigen Mann auf dein Reisebüro zueilen. Er scheint etwas unter Stress zu stehen. Seine Haare sind zerzaust, in beiden Händen hält er je eine Tragetasche aus einem Supermarkt. Hinter ihm siehst du eine etwa gleichalte Frau, die einen Kinderwagen vor sich herschiebt. Mit einer Hand ,zerrt' sie ein Kleinkind neben sich her. Der junge Mann betritt dein Reisebüro.

„Ende der gedanklichen Vorstellung", unterbrach Winni seine Geschichte.

„Meine Frage nun: Überlege dir bitte, welches Reiseziel für diesen Herrn (Kunden) dir geeignet erscheint. Notiere in das unten aufgeführte freie Feld einen Reiseort, ein Reiseziel und gib gegebenenfalls eine kurze Begründung für deine Wahl des Ziels."

(Anmerkung an die Leserin und den Leser: Bitte schreiben Sie auf ein Blatt, welches Reiseziel Ihnen für diesen Herrn (Kunden) geeignet erscheint. Nennen Sie einen Reiseort, ein Reiseziel und geben Sie eine kurze Begründung für Ihre Wahl des Ziels.)

Reiseziel (mit Begründung):

„Nun, Sigi, ich gehe davon aus, dass du dich entschieden hast und in das oben aufgeführte Feld deinen Kommentar geschrieben hast. Nach meiner Erfahrung kommt als Antwort sehr häufig:

- Mallorca, da preiswert und nicht weit entfernt. Oder:
- Nord- beziehungsweise Ostsee, da schnell zu erreichen. Oder:
- Ferien auf dem Bauernhof wegen der Kinder.

Viele Ziele dieser oder ähnlicher Art werden gewählt. Hast auch du solch ein Ziel gewählt?"

Ja, hatte ich.

„Meine Frage an dich. Weshalb hast du diese Reiseziele ausgesucht? Meine Antwort wäre: Der Mann scheint gestresst, der Mann braucht Ruhe, er hat nicht viel Geld (Plastiktüten), er muss preiswert verreisen wegen der Kinder. Wegen der Kinder? Welche Kinder? ,Ja, die Frau mit dem Kinderwagen und dem Kind ...' Gehört die Frau mit dem Kinderwagen zu diesem Herrn, der das Reisebüro betreten hat?"

Da musste ich Winni Recht geben. Von Kindern war gar keine Rede. Darüber wurde in der Geschichte nichts gesagt. In meinem Kopf bildete sich ein entsprechendes Bild, nämlich das Bild eines Mannes, der gestresst ist, offensichtlich nicht allzu viel Geld hat, der augenscheinlich ein junger Familienvater ist und stressfreie Erholung sucht.

Gedanklich habe ich bereits die Hand an einem entsprechenden Reisekatalog liegen. In Wirklichkeit kann es aber sein, dass dieser Mann einen Katalog für eine Kreuzfahrt für seine Mutter besorgen will, die gerade in einem Preisausschreiben einen großen Batzen Geld gewonnen hat. Oder die ihre Lebensversicherung, die ihr ausgezahlt wurde, verprassen möchte.

Ich war in der Tat geschockt. Hatte ich mich so leicht irritieren lassen? Winni unterbrach mich in meinen Überlegungen.

„Wenn es dir ähnlich ergangen ist wie vielen anderen, belegt das, dass du dir deinen ersten Eindruck lediglich aufgrund einer beschriebenen Geschichte gebildet hast. Und das offensichtlich in weniger als sieben Sekunden. Erkennst du, was ich meine?"

Klar erkannte ich – wenn auch nur widerstrebend. Stumm nickte ich zustimmend. Winni versuchte mich zu trösten: „Natürlich sind wir <u>Menschen</u> und bilden einen ersten Eindruck – wir sind ja kein Computer, der gefühl- und emotionslos agiert. Die Gefahr der Missdeutung besteht allerdings darin, dass wir einen falschen – möglicherweise absolut falschen – Eindruck einer Person gewinnen. Daraus folgt, dass ein anschließendes Verkaufsgespräch nicht unbedingt optimal verlaufen muss."

„Das sehe ich ein." Und nach einer kurzen Pause fragte ich Winni: „Was veranlasst uns zu einem ersten Eindruck?"

„Einiges habe ich bereits erwähnt, listen wir ein paar Punkte auf, passe mal auf:

- Alter,
- Geschlecht,
- Herkunft,
- Erscheinungsbild (Kleidung: gepflegt, modern, sauber, Farbe),
- Haare (Farbe, gepflegt, kurz, lang),
- Schmuck (behängt wie ein Christbaum?),
- gepierct an allen möglichen und unmöglichen Stellen?,
- Modeschmuck (oder gar kein Schmuck?),
- Make-up (die Persönlichkeit unterstreichend, zu ‚dick' aufgetragen?),
- das Auftreten (selbstbewusst, gehemmt),
- der Blickkontakt (schaut demütig nach unten, schaut gelangweilt nach oben, schaut uns direkt an),
- ein Lächeln um den Mund (Lächeln entwaffnet!),
- meine eigene Stimmung,
- mein Gesundheitszustand,
- die Stimmung meines Gegenübers,
- die Örtlichkeit, an der wir uns treffen,
- und vieles andere mehr …"

Puh, das war ja schon eine ganze Menge. „Stimmt", fiel mir ein, „ich kenne da eine Person, die läuft wirklich fast wie ein geschmückter Weihnachtsbaum rum."

Beide mussten wir bei dieser Vorstellung herzhaft lachen.

2. Die sich selbsterfüllende Prophezeiung

Nachdem wir uns vom Lachen einigermaßen erholt hatten, setzte Winni wieder ein ernsteres Gesicht auf. „Es geht weiter, Sigi. Wir kennen den sogenannten Effekt der ‚sich selbsterfüllenden Prophezeiung'! Was bedeutet das? Stellen wir uns vor, der erste Eindruck sei positiv verlaufen. Wir haben allen Grund zu glauben, dass unser Gesprächspartner ein freundlicher, aufgeschlossener

Mensch ist, der Spaß an seiner Arbeit hat und Interesse und Zeit unserem Wunsch entgegenbringt. Als Kunde fühlen wir uns wohl, wir fühlen uns beachtet. Wir sind bereits zufrieden gestellt, ohne dass irgendein Verkaufsgespräch stattgefunden hat. Das ist außerordentlich wichtig für uns.

Der erste Eindruck war positiv, vielleicht sogar sehr positiv. Nach kurzer Zeit wird ein Verkäufer verbalen (gesprochenen) Kontakt zu seinem Kunden aufnehmen, indem er ihn lächelnd begrüßt. Der Kunde fühlt sich beachtet und hat den Eindruck, dass das, was er wünscht, positiv behandelt wird.

Es greift bereits der Effekt der ‚sich selbsterfüllenden Prophezeiung'. Nämlich: Der Kunde erwartet – und ist jetzt sicher – dass das Verkaufsgespräch positiv verlaufen wird. Führen wir es uns noch einmal vor Augen: Wir haben ‚lediglich' einen positiven ersten Eindruck aufgebaut."

Winni ließ mir eine kurze Pause. „Verstehst du jetzt, was ich meine, Sigi? Der Kunde geht davon aus, dass alles positiv verlaufen wird. Er hat eine positive Einstellung von dem, was geschehen wird. Was Besseres kann uns ja gar nicht widerfahren. Ich werde dir später noch etwas zum Mensch-O-Meter erzählen. Unser Kunde bewegt sich zurzeit sozusagen im positiven, nämlich grünen Bereich"‘.

„Aha!"

„Ist es nicht schön für uns, wenn wir nach getaner Arbeit nach Hause gehen, zufrieden sind und uns freuen über die vielen netten Kunden, die wir heute hatten? Sieht die Realität immer so aus? Ist es nicht schon vorgekommen, dass du dich zu Hause über die bösen, bösen, bösen Kunden beschwert hast, die immer mit ihren Extrawünschen, immer gebündelt – haufenweise – zu den unmöglichsten Zeiten – gerade dann, wenn wir eine Pause einlegen wollen – auftreten? Natürlich hat ein Kunde nie Zeit, hat keine konkreten Vorstellungen, kommt nicht auf den Punkt und redet stundenlang herum. Unmöglich!"

„Ja schon. Das kommt schon mal vor. Ich weiß" und nickte leicht mit dem Kopf.

„Ja, das <u>kann</u> vorkommen aber die Regel darf es nicht sein."

Nochmal nickte ich zustimmend.

„Sicherlich hast du auch schon die Aussage gehört: ‚Servicewüste Deutschland'. Ist da was dran? Na ja, manchmal könnten wir das annehmen. Allerdings kann jeder von uns dazu beitragen, dass dies anders, sprich positiver wird. Und den Anfang macht der ‚Erste Eindruck'. Wenn Verkäufer beispielsweise mit guter, positiver Stimmung in den Tag gehen, wenn sie den Kunden mit all seinen Bedürfnissen, Wünschen und Fragen als ‚erwachsenen' Gesprächspartner ansehen und akzeptieren, dann können wir sicher sein, wird der Tag viel harmonischer verlaufen."

Nochmal musste ich zustimmen. Wie recht Winni wieder hatte.

Winni fuhr fort: „Schauen wir uns noch einmal die Punkte des ‚Ersten Eindrucks' an, zum Beispiel die Kleidung. Natürlich ist ein jeder von uns ein Individuum und kann im Prinzip das Kleidungsstück tragen, das ihm am besten gefällt. Aber nicht unbedingt jeder Kunde mag es, wenn ein Verkäufer im selbstgehäkelten Pullover und in Gesundheitsschlappen vor ihm sitzt oder steht. Auch mag nicht jeder, dass unser Verkäufer aufgedonnert ist, als ginge er zu einem Tanzball oder in die nächste Disko. Der Kunde erwartet ein entsprechendes Outfit. Eine Kleidung also, die zum Beruf passt.

Ich glaube, niemand bricht sich einen Zacken aus der Krone, wenn er neben Rücksicht auf die ‚äußeren Werte', also Kleidung, Haare, Make-up und so weiter auch etwas Gewicht auf die ‚inneren Werte' legt. Zu den ‚inneren Werten' zählt eben die Einstellung, die wir gegenüber dem Gesprächspartner haben. Dass wir den Gesprächspartner nicht als Störfaktor, sondern als Menschen, besser noch als Mitmenschen ansehen."

3. Geheimnisse der Körpersprache

„Magst du einen Schokoladen-Riegel?" Lockend hielt mir Winni ein Stück Schokolade vor die Nase.

„Ja gerne", antwortete ich, „die Schokolade spricht mich an. Hörst du sie sprechen, Winni? Sie sagt mir, friss mich!" Zufrieden über diesen genialen Einfall der Wortspielerei schnappte ich die Schokolade und steckte sie in den Mund.

Winni Lächelte: „Sagt die Schokolade noch etwas?"

„Hm", murmelte ich mit vollem Mund, „ja, sie sagt, genieße mich, spüre mich deutlich im Mund … Lass dich verwöhnen … Stell dir vor, du wärst im Urlaub … Siehst du, wie sich die Palmen im Winde bewegen? Spürst du den frischen Wind auf deiner Haut? Hörst du das Rauschen der Wellen? Riechst du …!"

„Stopp!", unterbrach mich Winni laut, „komm schön wieder zurück in die Wirklichkeit."

Wir mussten zum wiederholten Male lachen.

„Aber, Sigi, da fällt mir etwas ein, wenn du schon die Schokolade mit dir sprechen lässt. Dann lass uns auch einen Einblick in die Geheimnisse der Körpersprache nehmen."

„Oh, gerne." Ich lutschte die letzte Schokolade aus den Zahnzwischenräumen. Dann machte ich es mir bequem.

„Ich erzähle dir wieder eine Geschichte", begann Winni, „eine Geschichte aus dem Reisebüro. Los geht's: Herr Mertens betritt das Reisebüro. Mehrere Beschäftigte sind anwesend. Einige unterhalten sich eifrig miteinander. Mit dem gerade eingetretenen Kunden wird kein Blickkontakt aufgenommen. Ein Beschäftigter hat sich in seinem Stuhl bequem zurückgelehnt, die Beine nach vorn vorgestreckt und die Arme hinter seinem Kopf verschränkt. Überquellende Ascher, Frühstücksbrötchen und halb ausgetrunkene Kaffeetassen runden das Bild ab."

„Da würde ich mich auf der Stelle umdrehen und sofort wieder gehen", rief ich empört aus.

„Siehst du, ist das ein einladendes Bild? Wird unser Kunde ein Verkaufsgespräch in freundlicher Atmosphäre beginnen? Ich fürchte, er geht zum Mitbewerber. Denn dort …" und Winni ließ die Worte auf mich einwirken, „dort wird er mit einem freundlichen Lächeln begrüßt, obwohl die Mitarbeiterin am Telefon mit einem Kunden spricht. Mit einladendem Blick wird der Kunde zu einem Stuhl gebeten, auf dem er bitte Platz nehmen möge. Ein Nicken der Mitarbeiterin signalisiert unserem Kunden, dass sie sich gleich um ihn kümmern wird."

„Das find ich aber nett", entfuhr es mir.

„Ich auch", stimmte mir Winni zu. „Unser Kunde bemerkt, dass er erkannt wurde – und wird freundlich begrüßt. Gerne ist er jetzt bereit auch einige Minuten zu warten. Auf dieses Verkaufsgespräch wird er sich freuen.

„Richtig", rief ich nochmal aus.

„Tagtäglich unterhalten wir uns mit unseren Mitmenschen, wir sprechen zu ihnen und vor ihnen. Nun pass auf, Sigi. Glücklicherweise gesellt sich zum gesprochenen (also verbalen) Wort noch das ungesprochene Wort."

„Sprechen ohne zu sprechen!"

„Ja, Sigi, Sprechen ohne Sprechen. So wie dich deine Schokolade angesprochen hat. Vielleicht liegt es nahe anzunehmen, dass der größte Teil einer zwischenmenschlichen Kommunikation sprachlich (verbalen) geschieht. Tatsächlich zeigt sich aber sehr schnell, dass wir ohne Wörter viel ausführlicher kommunizieren können.

Stellen wir uns folgende Situationen vor: Wir betreten zusammen mit einer fremden Person einen Aufzug. Wir wissen, dass das ein unangenehmes Gefühl in uns auslöst. Wir reden nicht miteinander und jeder schaut nach einem kurzen Blickkontakt interessiert auf die Etagen-Anzeige oder an die Aufzugdecke. Wir können nicht flüchten, wir sind gefangen im Aufzug. Wir stehen eng nebeneinander und trotz allem sind wir in der Regel nicht fähig, verbal miteinander zu kommunizieren. Durch das Bewegen der Augen an die Aufzugdecke vermeiden wir den weiteren Blickkontakt zu dem fremden Fahrgast und zeigen damit automatisch, dass wir mit ihm verbal nicht kommunizieren wollen. Vielleicht schauen wir auch interessiert auf unsere Fußspitzen, was den Eindruck der Ungemütlichkeit noch verstärkt. Nach unten zu schauen zeigt eine gewisse Demutsgeste. Nach oben zu schauen: Wir suchen Hilfe, die uns in dieser Lage nicht gegeben werden kann."

„Das Gefühl kenne ich auch. Furchtbar! Da weiß ich wirklich nicht, wohin ich schauen soll."

Winni nickte zustimmend und fuhr fort: „Eine ältere Dame spaziert durch die Fußgängerpassage. Ein jugendlicher Punker kommt aus der anderen Richtung auf die alte Dame zu. Ohne erst lange zu überlegen presst die Dame ihre Handtasche fester an den Körper. Sie nimmt ihren Gehstock fester in die Hand, um einen sichereren Gang zu bekommen, ja vielleicht sogar, um ihn als Verteidigungswaffe einzusetzen. Wenn es ginge, würde die Dame möglicherweise sogar ausweichen, um einer gefürchteten Konfrontation zu entgehen."

„Na ja, ist ja auch bekannt, was heutzutage so alles passiert." Dabei schüttelte ich erschüttert den Kopf. „Hast du noch ein weiteres Beispiel?"

„Ja, eines aus der U-Bahn. Ein Fahrgast sitzt in der U-Bahn auf einer Zweierbank. Die Bank gegenüber ist frei. Ein zweiter Fahrgast nimmt dort Platz. Der erste Fahrgast wird nach einem kurzen Blickkontakt (tut der mir nichts?) aus dem Fenster schauen. Weiterer Blickkontakt ist von beiden nicht erwünscht. Wie hätte unser Fahrgast wohl reagiert, wenn sich die zweite Person unmittelbar auf den Platz neben ihm gesetzt hätte?"

„Also ich hätte es nicht gemacht! Direkt daneben ist immer blöd. Da kann ich ja nicht sehen, was der andere tut."

„Auf der anderen Seite in der U-Bahn sitzt ebenfalls ein Fahrgast. Dieser hat seine Aktentasche neben sich abgestellt und auf dem Platz gegenüber einen Teil seiner Zeitung ausgebreitet. Würdest du dich, sofern noch andere Plätze frei sind, auf einen dieser beiden blockierten Plätze setzen?"

„Nein, Winni, eher nicht. Nur wenn sonst nichts mehr frei wäre. Dann würde ich den Fahrgast bitten, seine Zeitung zur Seite zu nehmen. Ob hier wohl die Zeitung mit mir spricht?", fragte ich mich halblaut selbst.

„Ohne mit der anderen Person gesprochen zu haben", fuhr Winni fort, „zeigen unsere Beispielpersonen ,nonverbal', was sie wünschen oder nicht wünschen beziehungsweise fürchten. Erst durch das nonverbale Verhalten können wir uns in unserer Gesellschaft frei und sicher bewegen. Ohne große Worte versteht das Gegenüber, was ich denke, fühle, fürchte, wünsche und so weiter."

Nonverbal stimmte ich Winni zu.

Verbal fuhr Winni fort: „Wenn du jemanden zum ersten Mal siehst, wirst du in der Regel zunächst nonverbal mit ihm kommunizieren."

„Bis du als Verkäufer das erste Wort an deinen Kunden richtest, sind bereits etliche Sekunden vergangen. In Kopf des Kunden hat sich zu deinen Gunsten Sympathie (Zuneigung) und wenn du Pech hast, zu deinen Ungunsten Antipathie (Abneigung) entwickelt. Und das alles, ohne dass nur ein Wort ,verbal' gesagt wurde!

Es ist außerordentlich wichtig für uns, Körperbewegungen zu vermeiden, die negative Assoziationen (Gedankenverbindungen) auslösen! Gerade zu Beginn eines (Verkaufs-) Gesprächs. Denn im Laufe des Gesprächs kann jeder, der die entsprechenden Fähigkeiten aufweist, verbal überzeugen."

So hatte ich mir das noch nie überlegt. Aber in der Tat. Winni hatte recht. Die nonverbale Kommunikation machte offenbar viel aus. Aber – da kam mir eine Frage auf: „Kann die Körpersprache lügen?"

Winni schien auf diese Frage gewartet zu haben, denn er antwortete fast sofort: „Aufgrund der Erkenntnis, dass die Körpersprache bereits vor dem gesprochenen Wort existierte, kann davon ausgegangen werden, dass die Reaktionen im und mit dem Körper mehr oder weniger willkürlich und zum Teil auch unbewusst ausgeführt werden. Wir können davon ausgehen, dass eine Körpersprache in der Regel die Wahrheit sagt – sofern sie nicht gezielt falsch eingesetzt wird. Verbal können wir sagen, dass es regnet, obwohl tatsächlich die Sonne scheint und das herrlichste Wetter zu sehen ist. Ganz einfach: Wir schwindeln oder noch schlimmer – lügen.

Wenn jemandem kalt ist, wird er versuchen, seinen Körper zu schützen. Sein Körper erzeugt künstlich Wärme, indem die Haut anfängt zu zittern, indem er die Arme vor die Brust hält und vielleicht die Arme reibt, sodass ihm wärmer wird. Erfolgen diese Reaktionen, dann können wir als wahr annehmen, dass unserem Gegenüber kalt ist. Er schwindelt hier nicht."

„Das leuchtet mir ein."

„Eine ganze Menge der nonverbalen Kommunikation kommt also aus dem Inneren des Menschen; manches, wie zum Beispiel die Vergrößerung oder Verkleinerung der Pupillen lässt sich kaum beeinflussen.

Wir halten fest: Reagiert unser Gegenüber unbewusst, kann davon ausgegangen werden, dass es die Wahrheit sagt."

4. Hinweise zur Deutung der Körpersprache

„Aber", wagte ich einen Einwand, „ist es nicht fürchterlich, wenn wir alles und jedes in der Körpersprache deuten und werten. Wenn wir demnach jeden in irgendeine Schublade stecken und dort nicht mehr rauslassen?"

„Um deiner Kritik gleich entgegenzutreten: Wir werden niemals alles hundertprozentig deuten können und müssen, da jede Situation eine andere ist und jeder Mensch in jeder Situation unterschiedlich reagiert. Wir müssen also nicht fürchten oder hoffen, dass wir einen Menschen lediglich aufgrund seiner Körpersprache absolut charakterisieren können."

„Da bin ich aber beruhigt", atmete ich auf.

„Mit dem Hinzunehmen des gesprochenen Wortes ist das vielleicht nur einigen Spezialisten möglich. Aber für die Allgemeinheit gilt, dass wir sowieso nur bestimmte Dinge deuten und werten können. Immer sollen wir uns vor Augen halten, dass wir ‚nur' menschlich reagieren und damit auch Fehlinterpretationen unterliegen können."

„Diese Aussage finde ich gut." Ich atmete erleichtert auf.

„Noch etwas, Sigi. Weiterhin ist es fast unmöglich (und auch nicht fair), nur einen kleinen Ausschnitt aus einem menschlichen Verhalten zu nehmen und daraus auf das komplette Verhalten Rückschlüsse zu ziehen. Zu komplex ist das Zusammenspiel aller Muskeln im menschlichen Körper."

„Das finde ich sehr gut, dass du das sagst. Ich habe verstanden, dass die Fehlinterpretation viel zu groß ist."

„Ja, Sigi."

„Und ich deshalb sehr vorsichtig mit der Deutung bin. Unter welcher Voraussetzung kann ich dann aber trotzdem optimal werten?"

„Um richtig deuten zu können, müssen wir uns folgenden Leitsatz immer wieder ins Gedächtnis rufen, um keine Fehlentscheidungen zu treffen:

> • ACHTUNG: Die Körpersprache kann nur dann richtig gedeutet werden, wenn das Verhalten eine Reaktion auf eine Aktion darstellt!"

„Was heißt das?"

„Nun, wir agieren, indem wir etwas sagen oder tun. Unser Gegenüber reagiert. Und gerade dann kann die Reaktion, vielleicht sogar richtig, gedeutet werden."

„Kannst du mir bitte ein Beispiel nennen?"

„Ja, wenn jemand mit verschränkten Armen vor uns sitzt, muss das noch lange nicht heißen, dass er uns nicht mag. Vielleicht ist ihm die neue Umgebung etwas ungewohnt; vielleicht ist ihm kalt; vielleicht hat er körperliche Beschwerden, derentwegen er diese Körperhaltung einnehmen muss."

„Ich verstehe, eine eindeutige Deutung ist hier nicht möglich."

„Aber, Sigi, wenn wir etwas tun oder sagen und auf diese Aussage hin verschränkt der Zuhörer die Arme vor der Brust, können wir mit ziemlicher Sicherheit davon ausgehen, dass diese Reaktion auf unsere Aktion hin ausgeführt wurde. Und dann ist sie deutbar!"

„Das leuchtet mir ein, Winni."

„Aber vergiss nicht, Sigi: Ehe wir mit Menschen gesprochen haben, ‚bewerten' wir sie bereits. Wir sollten jedoch nicht vergessen, dass wir uns in allerhöchstens sieben Sekunden aufgrund unserer im Leben gesammelten Erfahrungen ein Bild unseres Gegenübers machen. Und das, ohne dass irgendein Wort gewechselt wurde."

„Ja, das schreibe ich mir hinter die Ohren. Ich nehme mir fest vor, außerordentlich vorsichtig mit der Be-Wertung meines Gegenübers umzugehen. Aber", fügte ich nach kurzer Überlegung hinzu, „andere Menschen strahlen mich regelrecht an. Viele von denen finde ich einfach sympathisch."

„Das kann ich sehr gut nachvollziehen. Die Ausstrahlung, die wir ja nicht mit den Händen packen können, wird sehr deutlich durch die Mimik der Person ausgedrückt. Hier tut sich sehr viel, sehr schnell. Im Gesicht eines Menschen sind sehr viele Muskeln am Mienenspiel beteiligt. Es wird sogar gesagt, dass die Mimik bei älteren Menschen verrät, wie sie ihr Leben durchlaufen haben. Ist da was dran? "

„Ich glaube schon."

5. Lächeln, Mimik, Gestik

„Kennst du den strahlenden gelben Smiley? Dieser Smiley veranlasst uns zu lächeln."

„Stimmt!"

„Was hältst du von der Aussage: ‚Lächeln entwaffnet!'"

„Erklär es mir", bat ich Winni.

„Lächeln bringt unser Gegenüber in den positiven Bereich! Mit Lächeln lassen sich unsere Leistungen leichter verkaufen. Wenn wir alleine aufgrund der Mundpartie, die bei unseren beiden Smileys mit einem einfachen gebogenen Strich dargestellt wird, so verschiedenartige Gefühle zeigen – wie sieht es dann in einem menschlichen Gesicht aus, in dem unendlich viele Nuancen wahrgenommen werden können!"

„Einverstanden."

„Gehen wir überzeugt und selbstsicher durch das Leben, wird unsere Mimik unseren Erfolg sichtbar machen. Einverstanden?"

„Jaa, doch ja. Ja, einverstanden." Ich war überzeugt.

„Winni, kannst du mir noch einiges zur Gestik sagen?"

„Aber gerne, Sigi. Die Gesamtheit der Gebärden und Bewegungen wird als Gestik bezeichnet. Darunter fallen die Bewegungen der Arme, der Beine und des Kopfes. Unter Motorik wird die genaue Bewegung, zum Beispiel das Bewegen der Finger beim Greifen nach einer Tasse oder das Halten eines Schreibstiftes verstanden. Den Einsatz der Finger, um einen Text mit der Hand zu schreiben, bezeichnen wir als Feinmotorik. Daumen und Zeigefinger vereinen eine Unmenge von Nervenzellen."

„Interessant."

„Wir können zum Beispiel beim Streichen mit den Fingern über Oberflächen neben der Temperatur auch andere genaue Eigenschaften aufnehmen. Ist die Oberfläche aus Stein, aus Holz, aus Stoff? Ist sie glatt, angeraut, grob? Trocken oder feucht? Liegt auf der Oberfläche eine Brotkrume oder eine Staubfluse? Schließ mal die Augen, Sigi."

Ich schloss meine Augen.

„Sigi, ich halte dir etwas in die Nähe deiner Hände. Versuche mal durch Berühren der Oberfläche rauszubekommen, was es ist."

Ich tastete und ertastete, was Winni in seiner Hand hielt. Die Oberfläche war ziemlich glatt, zeigte aber doch etwas Widerstand. Die Sache war nicht kalt, nicht heiß aber trotzdem angenehm in der Temperatur. Aber irgendetwas schien an meinen Fingern kleben zu bleiben. Plötzlich war es mir klar: „Ein Stück Schokolade!"

„Ja, richtig", freute sich Winni, „öffne deine Augen wieder. Hier – zur Belohnung – die Schokolade."

„Vielen Dank", strahlte ich und nahm die Schokolade.

„Sigi, ist dir schon aufgefallen, dass vieles in unserer Sprache auf den Tastsinn hinweist?"

„Ich weiß nicht, was du meinst, Winni", musste ich gestehen.

„Dann höre gut zu", empfahl mir Winni. „Um ‚begreifen' zu können, müssen wir nach den Dingen ‚greifen'. Nicht umsonst hören wir immer wieder die verzweifelten Ausrufe junger Mütter in Geschäften:

    ‚… lass die Finger davon …'

    ‚… nicht anfassen …'

    ‚… nur mit den Augen gucken …'

Unsere Finger und damit die Hände sind also extrem wichtig, um unsere Welt zu verstehen, zu ‚begreifen'. Deshalb können wir mit den Händen auch viel mehr aussagen als mit Wörtern."

„Lass uns einen Versuch starten. Bitte sag mir, was eine Wendeltreppe ist."

„Eine Wendeltreppe?" Ich überlegte kurz. „Na ja, das ist eine Treppe, die so geht." Bei diesen Worten versuchte ich durch eine spiralförmig nach oben drehende Handbewegung eine Wendeltreppe darzustellen.

„Ha, genau das meine ich", rief Winni aus und klatschte dabei in die Hände. „Wenn ich jemanden um die Erklärung bitte, was eine Wendeltreppe ist, wird in fast allen Fällen die Wendeltreppe mit den Fingern nachgezeichnet. Das ist ausdrucksstärker, sicherer und einfacher als es mit unserer Sprache umständlich zu erklären. Dadurch merken wir, dass die Hände unsere Aussagen unterstützen. Du kennst sicherlich den Angler, der einen sooooo großen Fisch angelte?"

„Na klar", stimmte ich zu, „sooo groß!" und dabei zeigte ich mit auseinandergehaltenen Armen die Distanz.

Winni lächelte zustimmend: „In manchen Ländern werden Hände, ja sogar die Arme extrem in die gesprochene Sprache integriert (angepasst). Stelle Dir einen Italiener vor, der eine hübsche Frau oder eine appetitanregende Speise beschreibt. In unserer Kultur haben wir manchmal Schwierigkeiten, auch die Hände während des Sprechens einzusetzen. Damit wird unser Versuch, jemanden von etwas zu überzeugen allerdings auch ‚gefühlskälter'. Ein Redner wird deshalb Gestik gezielt einsetzen, um verbale Aussagen verständlicher und damit bildhafter zu gestalten.

Sigi, was meinst du zu folgender Aussage: ‚Mit den Augen sehen wir in das Innere des Menschen'. Stimmt das?"

Ich überlegte kurz und sagte dann: „Auch hier bin ich mir nicht ganz sicher. Kann sein, oder?" Unsicher schaute ich Winni an.

Winni sprach weiter: „Nun, die Augen verraten uns sehr viel. Sie können glänzen, sie können trocken wirken. Sie blicken fragend, bohrend, verträumt, verliebt, böse … Die Pupillen sind eng oder geweitet, die Augen sind zu Schlitzen verengt oder weit aufgerissen. Wird der Blickkontakt beispielsweise zum Gegenüber gehalten, gehen wir von Offenheit und Aufmerksamkeit aus. Nach unten gerichtete Augen lassen auf Hemmung, Scheu, Traurigkeit, aber auch auf Schwindeleien tippen. ‚Der kann mir nicht in die Augen schauen'. Bleibt der Blick zu lange fixierend auf das Gegenüber gerichtet, tritt allerdings auch wieder Unbehagen ein. Wir werden nervös oder gar aggressiv. Der andere erscheint stärker, als wir es sind."

6. Nonverbale Fragen und Antworten

„Wenn ich mir das alles vor Augen führe, Winni, dann stelle ich fest, dass wir offensichtlich den größte Teil unserer Kommunikation nicht gesprochen, sondern nonverbal, vermitteln?"

„Das können wir im Prinzip so behaupten, Sigi."

„Das Wissen dazu gibt uns natürlich auch eine große Kraft. Stelle dir vor, du gehörst zum Verkaufspersonal. Dann muss es dein Ziel sein, die Bedürfnisse deiner Kunden zu erkennen. Sprechen wir an den Bedürfnissen vorbei, haben wir das Ziel des Gesprächs (nämlich eine Idee oder ein Produkt zu verkaufen) verfehlt. Deshalb beobachten wir ständig die Reaktionen der Zuhörer auch in der Hinsicht: Hat mich mein Gegenüber überhaupt verstanden? Wo habe ich mich unklar ausgedrückt?"

„Das leuchtet mir ein."

„Bekannte nonverbale Fragen und Antworten sind zum Beispiel:

- das Hochziehen der Schultern und möglicherweise das gleichzeitige Zur-Seite-Schauen (Weiß ich nicht, frag mich nicht.)

- das Hochziehen der Augenbrauen mit gleichzeitigem Runzeln der Stirn (Ist das wohl wirklich so? Ist das wirklich wahr?)
- das Nicken des Kopfes (Ja, stimmt. Diese Beobachtung habe ich an anderer Stelle bereits gemacht.)
- das Wiegen des Kopfes (Ob das wirklich so stimmt?)
- das Runzeln der Stirn mit zusammengepressten Augenlidern (Bitte erkläre mir das noch einmal.)
- das Zur-Seite-Drehen der Augäpfel auf eine dritte Person hin und anschließendes Verdrehen der Augen (Der/die ist wohl ein bisschen verrückt?)."

Ich habe heute viel gelernt. Sehr viel. Mir schwamm alles vor den Augen. Interessant, aber viel, viel …

7. Der Augenkontakt

„Hallooo …", ich hatte gar nicht gemerkt, dass ich auf der Wiese eingeschlafen war.

„Hallooo!"

Es war schon Nachmittag. Wie die Zeit verging. Ich sah Winni und begrüßte ihn: „Hallo Winni, wie geht es dir?"

„Ausgezeichnet – wie immer", antwortete Winni munter, „du weißt, ich bin ein positiv denkender Mensch."

„Ach ja, richtig. Hatte ich fast vergessen", stimmte ich schmunzelnd zu.

„Komm, du alter Faulpelz", rüttelte mich Winni auf, „ich habe einige Bilder auf deinen Terrassentisch gelegt. Die solltest du dir mal anschauen."

Neugierig trottete ich mit Winni zur Terrasse zurück. Dort hatte Winni bereits eine Kanne mit wohlduftendem Kaffee hingestellt (ich mochte doch lieber Tee!!) und für jeden ein Stück Obstkuchen.

„Oh, das hast du aber schön vorbereitet", lobte ich Winni.

„Man tut, was man kann", antwortete Winni herausfordernd. Jetzt hatte ich ihn auch mal mit seinem ‚man' erwischt!

„Gut aufgepasst, Sigi. Richtig soll es heißen: ‚Ich tue was ich kann'."

„Na gut." Ich war nicht ganz überzeugt, ob mich Winni nur hatte testen wollen.

„Zeig doch mal die Bilder", bat ich Winni.

Winni schob mir vier Bilder hin. Ich setzte mich und schaute sie an.

Ich nahm das oberste und schaute drauf.

„Oh, der ist aber traurig", meinte ich. „Der schaut ja gar nicht in die Kamera."

„Und das nächste?"

Ich steckte das erste Bild hinter die anderen.

„Hier sieht er selbstbewusst aus. Aber das ist ja dieselbe Person!", rief ich verwundert aus.

„Ja. dieselbe Person. Einmal abwesend wirkend, einmal aufgeschlossen, vielleicht sogar herausfordernd."

„Interessant", murmelte ich und schaute mir das dritte Bild an.

„Hier blickt er nach links oben.", stellte ich fest, „Er scheint etwas zu überlegen."

„Gut festgestellt. Vorausgesetzt, der Mensch auf dem Foto ist Rechtshänder, dann versucht er (Augen oben links) sich an etwas zu erinnern, was er erlebt hat oder was er sich merkte. Wandern die Augen nach oben rechts, versucht der Mensch sich etwas Kreatives, Fantasievolles vorzustellen."

„Was du alles weißt", staunte ich.

„Na ja", Winni lächelte verlegen, „das weiß ich aus meinem Studium des Gehirns – aber das gehört hier nicht zur Sache."

„Vielleicht ein anderes Mal?", bohrte ich nach.

„Vielleicht", entgegnete Winni wage, „für dich ist wichtig, dass ein offener Blick, wie auf dem zweiten Foto, selbstbewusster wirkt als ein niedergeschlagener Blick."

„Schau dir jetzt das vierte Foto an.

Hier blickt der Mensch sogar zur Seite. Er meidet jede Art Blickkontakt. Nicht gut für die Kommunikation."

„Verstehe. Ich werde ab sofort bei meinen Gesprächspartnern den Blick so lange halten, wie es geht", versprach ich.

„Aber", warf Winni ein, „nicht anstarren! Sonst wirkst du zu aggressiv. Das wollen wir doch auch nicht, dass die Menschen sich vor dir fürchten, oder?"

„Nein, natürlich nicht", stimmte ich zu.

8. Lächeln hören die Gehörlosen und sehen die Blinden

Der Kuchen schmeckte gut.

„Hier", sagte Winni und zog noch mal drei Bilder aus der Tasche, „schau dir die mal an."

Ich nahm die Bilder entgegen, schaute sie an und entschied sofort: „Das da, das gefällt mir am besten." Ich deutete auf eines der Bilder.

(Liebe Leserin, lieber Leser, bitte entscheiden Sie, welche der abgebildeten Person Ihrer Meinung nach am ehesten eine positive Ausstrahlung zeigt.)

Auslegungen zu ‚Lächeln'

schaut verlegen, hält keinen Blickkontakt.	*wirkt offen und aufmerksam*	*wirkt grimmig, missmutig oder kritisch*

„Weswegen?", fragte Winni.

„Weil er mich direkt anschaut. So sieht er doch sympathischer aus als auf den anderen Fotos."

„Das meine ich auch", stimmte Winni zu, „eine lächelnde Person ist viel netter anzuschauen. Wer hat es nicht lieber mit nett-wirkenden Menschen zu tun als mit ‚Miese-Petern'?"

„Ja, da fällt mir die Verkäuferin im Supermarkt ein, die mich so freundlich anlächelte. Die finde ich echt sympathisch. Da macht der Einkauf richtig Spaß."

„Genauso ist es. Ein lächelnder Mensch kann leichter ein Produkt oder eine Idee oder seine Arbeitskraft verkaufen als ein Brummbär!"

„Klar!"

„Aber Achtung: Das Lächeln muss von <u>innen</u> kommen, also ein echtes Lächeln sein. Dann ist es ein ehrliches Lächeln. So etwa."

„Und woran erkenne ich ein aufgesetztes Lächeln?", wollte ich wissen.

„Ha", Winni rückte verschwörerisch zu mir heran, „an den fehlenden Lachfältchen an den Augen!"

„Aha", ich war baff, „also, wenn sich an den Augen kleine Lachfalten bilden, dann ist das Lächeln ehrlich gemeint?"

„Ja, schau mal hier ans Wohnzimmerfenster. Da drin spiegelst du dich jetzt gut. Nun lächle mal ‚aufgesetzt' und dann ‚ehrlich'."

Ich schaute mich im Fenster an und verzog die Mundwinkel zu einem Lächeln. Es sah eher aus wie ein Grinsen. Ich schüttelte meinen Kopf. Beim zweiten Versuch stellte ich mir etwas Angenehmes und Lustiges vor. Schon musste ich lächeln. Ich war stolz. Wieder etwas gelernt.

Ich grinste Winni an und Winni grinste zurück. „Ein netter Kerl bist du", dachte ich mir und schenkte Winni noch etwas Kaffee nach.

9. Das Mensch-O-Meter

„Hast du schon einmal was von einem ‚Mensch-O-Meter' gehört?", riss mich Winni aus meinen Gedankengängen.

„Mensch-O-Meter? Nein. Nicht, dass ich wüsste", entgegnete ich zögerlich.

„Dann lass mich erzählen." Winni sprang von seinem Stuhl auf und erzählte im hin- und hergehen folgende Geschichte:

„Es war einmal ein junger Mann – nennen wir ihn Timo. Timo hatte eine junge Frau – nennen wir sie Julia – kennengelernt. Timo wollte Julia heute ausführen. Also fuhr er mit seinem rot-metallic-lackierten Cabriolet vor Julias Wohnhaus. Julia erwartete Timo und setzte sich auf den Beifahrersitz. Timo wollte Julia heute in ein schönes Restaurant ausführen. Sein Mensch-O-Meter stand auf Null.

Schon bald waren beide an einem Landgasthaus vorgefahren. Timo parkte gekonnt ein, sprang aus dem Auto – allerdings mitten in eine schmutzige Wasserpfütze. Das Schmutzwasser spritzte an seiner Kleidung hoch und hinterließ dort hässliche Flecken."

„Mist", rutschte es mir heraus.

„Timos Mensch-O-Meter sackte auf Minus Eins ab.

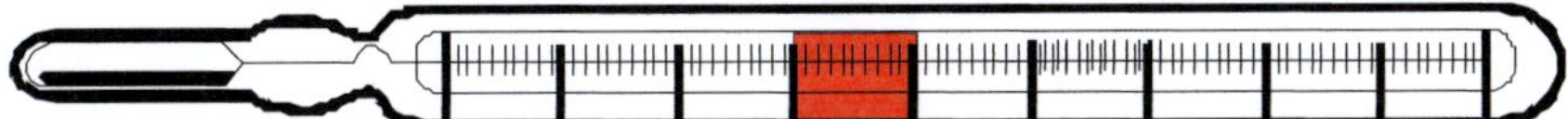

Na ja, dachte sich Timo, egal – das Treffen mit Julia ist mir wichtiger als schmutzige Klamotten. Also ging Timo um sein Cabriolet herum, öffnete die Beifahrertür und führte Julia in Richtung Restaurant. Timo öffnete die Eingangstür, griff dabei aber in einen offensichtlich frisch gekauten Kaugummi, der an der Unterseite der Türklinke klebte."

„Wie gemein", sagte ich entrüstet.

„Nun ja, Timos Mensch-O-Meter sackte daraufhin auf Minus Zwei ab.

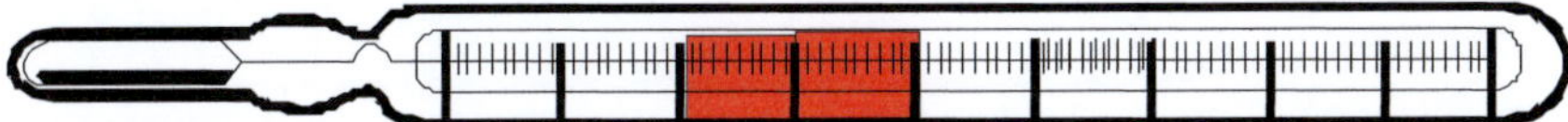

Timo betrat mit Julia das Restaurant. Er wartete – so wie er es gelernt hatte – darauf, dass ein/e Servicemitarbeiter/in sie begrüßen und ihnen einen Tisch anbieten würde. Aber – nichts geschah. Das Personal lief, ohne zu grüßen, an Timo und Julia vorbei. ‚Dann suchen wir uns eben selbst einen Tisch', dachte sich Timo und nahm Julia an der Hand. Sie fanden einen Tisch. Nach einiger Zeit konnten sie die Bestellung aufgeben. ‚Zweimal Wiener Schnitzel mit Pommes frites und Salat'."

„Sehr originell", rutschte es mir raus. „Wetten, dass Timos Mensch-O-Meter nun auf Minus Drei stand", fragte ich.

„Sehr richtig, Sigi."

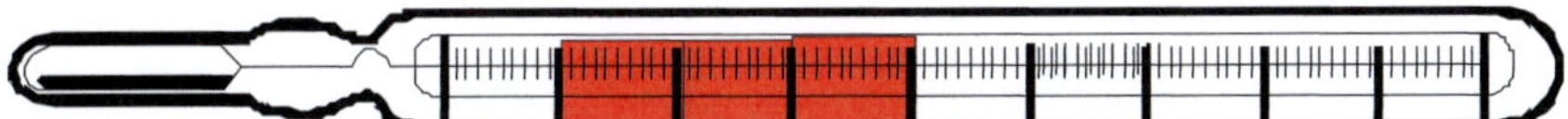

„Einige Zeit später wurde das Essen serviert. Noch bevor es richtig auf dem Tisch stand, konnte Timo bereits am Geruch erkennen, dass das Fleisch angebrannt war. Ein Blick auf den Teller bestätigte seine Vermutung."

„Ich an Timos Stelle wäre ausgeflippt", rief ich erzürnt aus.

„Was glaubst du, wie sich Timo verhielt? Genauso. Er ist regelrecht explodiert."

„Kann ich sehr gut nachvollziehen."

„Na ja, um's kurz zu machen. Timo und Julia haben das Restaurant wieder verlassen. Allerdings – ", Winni legte eine Spannung erzeugende Pause ein, „allerdings hat ihn Julia auch verlassen."

„Nochmal Mist." Ich klopfte mit meiner Faust auf den Tisch, sodass die Gläser wackelten.

„Nur ruhig Blut, Sigi", beschwichtigte mich Winni. Die Geschichte hat ja noch einen zweiten Teil."

„Wie ging's denn weiter?"

„Neuer Tag, neues Glück, neue Bekannte: dieses Mal Silvia."

„Timo ist ja toll drauf", musste ich bewundernd zugeben.

„Timo fuhr mit seinem rot-metallic-lackierten Cabriolet bei Silvia vor. Gemeinsam ging's zu einem (allerdings anderen) Landgasthaus. Schon beim Vorfahren fielen Timo die vielen Lichter an der Hausfassade auf. ‚Oh', dachte Timo, ‚hier sieht es aber gemütlich aus!' Sein Mensch-O-Meter stieg auf Plus Eins."

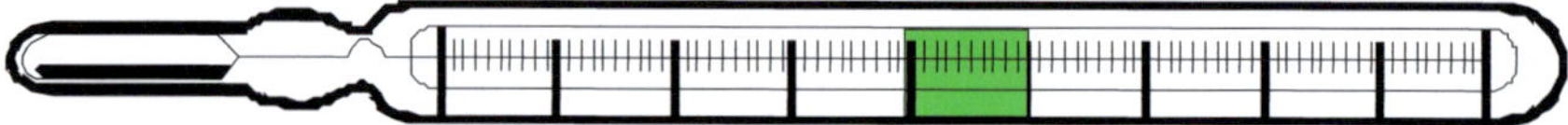

„Aha! Jetzt wird alles gut", erkannte ich.

Timo führte Silvia zur Eingangstür, die er (vorsichtig) öffnete. Dezente Hintergrundmusik begrüßte sie in ansprechender Atmosphäre, was Timos Mensch-O-Meter auf Plus Zwei ansteigen ließ.

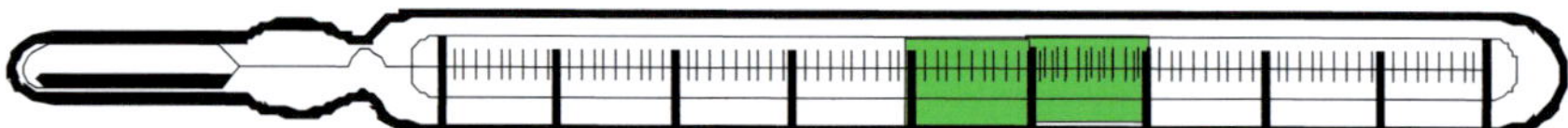

Kurz nachdem Timo und Silvia das Restaurant betreten hatten, wurden sie schon von einem freundlichen Servicemitarbeiter begrüßt und zu einem Tisch begleitet."

„Wetten, dass das Mensch-O-Meter nun auf Plus Drei kletterte?", fragte ich erwartungsvoll.

„Gut kombiniert", lobte mich Winni, „tatsächlich stand Timos Mensch-O-Meter nun auf Plus Drei.

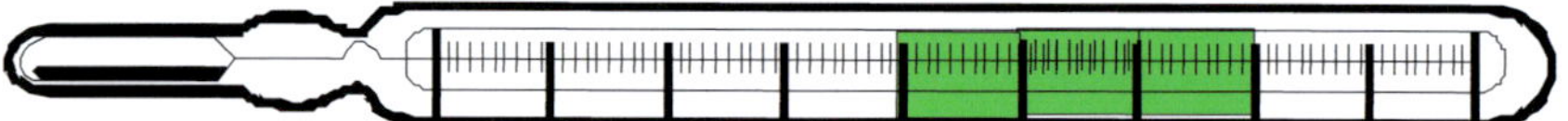

Timo bestellte das Essen. Was meinst du, was er wohl bestellte?" Winni schaute mich herausfordernd an.

„Wiener Schnitzel mit Pommes frites und Salat?" Zweifelnd lächelte ich Winni von unten herauf an.

„Bingo!", rief Winni aus, „jawohl, das gleiche Essen wie am Vortag. Du wirst es nicht glauben, als das Essen serviert wurde, geschah genau das Gleiche wie am Vortag. Das Essen war angebrannt."

„Oh", seufzte ich enttäuscht. Dann rief ich aus: „Aber Timo ist diesmal bestimmt nicht explodiert."

„Nochmal Bingo!" Winni lachte mich an. "Weshalb nicht?"

„Weil sein Mensch-O-Meter auf Plus Drei stand. Vielleicht hat Timo sogar gelacht. Sicherlich hat er gesagt, das kann immer mal passieren. Ist nicht so tragisch. Bitte servieren Sie uns ein neues Essen! Damit war die Sache erledigt."

„Sehr klug überlegt, Sigi. In der Tat lief es so oder ähnlich. Aufgrund der Tatsache, dass das Mensch-O-Meter so hoch stand, fiel die Reklamation harmlos aus. O.k., das Mensch-O-Meter fiel auf Plus Zwei zurück, aber es war immer noch deutlich im grünen Bereich."

„Das verstehe ich."

„Damit es uns noch deutlicher wird: In beiden Fällen gab es denselben Grund zur Reklamation. Im ersten Falle explodierte Timo, weil sein Mensch-O-Meter bereits auf Minus Drei stand. Und im zweiten Falle war's nicht so schlimm."

Winni legte eine kurze Pause ein und fragte: „Was lernst du daraus?"

Ich brauchte nicht lange zu überlegen. „Ich versuche, dass ich in Zukunft motivierend auf mich und meine Mitmenschen einwirke, um in den ‚grünen Bereich' zu kommen", versprach ich Winni.

Fröhlich lachte Winni auf: „Sehr gut gelernt, Sigi! Übrigens: Timo und Silvia sind immer noch zusammen. Es soll ihnen sehr gut gehen."

10. Das stinkt mir

Über die Sinne – Was die Sprache verrät.

„Was meinst du Winni?"

„Ich gebe dir nun einige Beispiele der gesprochenen Sprache, die verraten, wie du dich fühlst."

„Da bin ich aber gespannt."

„Also pass auf! Beispiel 1: ‚Ich könnte aus der Haut fahren!'"

„Das könnte ich manchmal auch", bestätigte ich.

„Wer diese Aussage gebraucht, zeigt, dass er oder sie peinlichen Situationen, Schwierigkeiten oder Konflikten möglicherweise nicht aus dem Weg gehen kann."

„Ach, das ist interessant." Aufmerksam beugte ich mich vor. „Und was bedeutet das?"

„Medizinisch gesehen könnte es zu Hautausschlägen, Ekzemen oder zur Schuppenflechte kommen."

„Oh, das ist ja schlimm. Was kann ich dagegen tun?"

„Einem Menschen, der diese Aussage häufiger benutzt, kann durch feste Regeln oder Normen Sicherheit gegeben werden. Systeme oder ein Gerüst, an dem sich der Mensch festhalten kann, können ihm helfen."

„So einfach ist das?", staunte ich.

„Na ja, es hört sich einfacher an, als es ist. Aber es ist zumindest eine Hilfestellung. Und hier ein zweites Beispiel: ‚Das habe ich mir zu Herzen genommen!' Was könnte hier der Auslöser zu dieser Aussage sein?

„Hm, offensichtlich handelt es sich um eine sensible Person, die sich alles zu Herzen nimmt. Vielleicht hat sie Sorgen oder Probleme. Oder sie wurde kritisiert und kann dies schlecht verarbeiten."

„Gar nicht so schlecht", lobte mich Winni, „das sind gute Überlegungen." Winni lächelte versonnen.

„Die Folgen sind sicherlich Herzinfarkt, oder?", wollte ich wissen.

„Kann sein, muss aber nicht gleich so schlimm sein. Häufiger sind wohl Herzrasen, aber auch Herz-Rhythmus-Störungen. Das wäre schon kritisch genug. Wie ist der Ausweg aus dieser Situation, Sigi?"

„Sich nicht alles so zu Herzen nehmen?"

„Sehr originell", tadelte Winni, „aber trotzdem richtig. Der Lösungsweg klingt einfach, ist aber nur Schritt für Schritt umzusetzen. Natürlich mit dem Ziel: Mehr Selbst-Bewusst-Sein zu erreichen!"

„Logisch – ", ich tippte mir an die Stirn, „davon reden wir ja schon seit Tagen."

„Auch unser drittes Beispiel: ‚Immer wird alles auf mir abgeladen', zeigt ein schwach ausgeprägtes Selbst-Bewusst-Sein. Der Betroffene fühlt sich überfordert oder er trägt eine große Verantwortung. Es wäre gut für ihn zu lernen, auch ‚nein' sagen zu können; Aufgaben zu delegieren oder im Team arbeiten zu wollen."

„Hilft denn keine Massage oder Gymnastik?", erkundigte ich mich, während ich mir meinen verspannten Nacken massierte.

„Kurzfristig ja, aber der Auslöser ist damit nicht beseitigt."

„Klar, die Überforderung wird durch eine Massage ja nicht weniger. Wie deutest du die Aussage: ‚Das zwingt mich in die Knie'? Nimm es als viertes Beispiel. Liegt hier nicht auch eine Überforderung vor?"

„Offensichtlich ja, Sigi. Und zwar eine ständige Überforderung, sodass tatsächlich Knie- oder Hüftprobleme auftauchen könnten. Als Lösungsweg gilt Ähnliches wie eben schon erwähnt und ein Anti-Stress-Programm wäre sicherlich auch sehr hilfreich."

„Aber", wagte ich einzuwerfen, „nur, weil einer so etwas sagt, muss er doch nicht zwangsläufig Hüftprobleme bekommen?"

„Sicherlich nicht. Aber das Risiko in dieser Richtung nimmt zu. Wenn einer Hüftprobleme hat, kann der Auslöser dennoch der oben erwähnte Grund sein. Aber ich will dir das am fünften Beispiel deutlicher zeigen mit der Aussage: ‚Das finde ich zum Kotzen'. Wer so was sagt, hat offenbar Ärger oder unterliegt großem Stress, nicht wahr? Und du hast bestimmt schon gehört, dass viele Betroffene unter Magen-Darm-Beschwerden leiden. Angefangen mit Durchfall über allgemeine Magenbeschwerden bis hin zum Magengeschwür."

„Ja, habe ich schon gehört." Ich nickte zustimmend.

„Selbst wenn das Magengeschwür behandelt wäre, würde sich sehr bald ein neues bilden. Und warum wohl? Weil der Auslöser – hier der Stress – nicht beseitigt wurde."

„Aha." Ich verstand.

„Solange der Stress anhält, wird sich nichts ändern. Daraus ergibt sich der Lösungsweg: Stress abbauen! Anti-Stress-Programm einsetzen!"

„Das ist wohl leichter gesagt als getan, oder?"

„Ja. Dazu gebe ich dir aber im Anschluss gerne einige Tipps. Schauen wir uns zuvor das sechste Beispiel an. Aussage: ,Ich kann es einfach nicht mehr hören'."

„Das erscheint mir schwierig zu deuten", gestand ich ein.

„Nun, der Betroffene hört immer und immer wieder bestimmte Äußerungen und fühlt sich durch diese Aussagen oder Wörter offensichtlich verletzt. Im krassen Fall könnte die Folge ein Tinnitus oder sogar ein Hörsturz sein."

„Ui!"

„Bevor es so weit kommt, sollte sich der Betroffene klarmachen, dass hier möglicherweise Kommunikations-Hemmnisse vorliegen. Er kann aber auch versuchen, sich in die andere Person zu versetzen und sagen, das meint er/sie doch gar nicht so! Dann fällt es ihm vielleicht leichter, einen anderen Menschen zu verstehen."

„Unser letztes, siebtes Beispiel hört sich so an: ,Da bleibt mir die Luft weg'. Schwierig zu deuten. Es kann sein, dass es sich hier um eine unbefriedigende Kommunikation oder, wie manche behaupten, sogar um eine gestörte Kommunikation in der Kindheit handeln. Asthma könnte die Folge sein und lässt sich nur mittels einer Therapie beheben."

„Winni, lass mich noch ein oder zwei Beispiele finden, ja?"

„Gerne, mach mal", forderte mich Winni auf. „Schreib sie am besten hier in diese Liste."

Wieder einer seiner Schwanz-Peitscher – und eine Liste lag vor mir.

<table>
<tr><td>1.

2.

3.</td></tr>
</table>

(Bitte finden Sie noch Beispiele von Aussagen zu diesem Thema. Lesen Sie anschließend weiter.)

Auslegungen zu ‚Das stinkt mir'

Beispiele:

- „das stinkt mir"
- „ich kann den Typ nicht riechen"
- „das schmeckt mir gar nicht"
- „ich kann's nicht mehr mit ansehen"

11. Anti-Stress

„Hier, Sigi, ich habe dir einen leckeren Salat zubereitet, den du essen kannst, während du die folgende Anti-Stress-Liste durchliest. Lass dir Zeit, damit ich meinen Salat stressfrei genießen kann.“

Winni hielt mir einen ansprechend zubereiteten Salat entgegen, den ich gerne annahm. Während ich mir den Salat zu Gemüte führte, las ich die Anti-Stress-Liste durch.

Im Jahre 1935 definierte der Wiener Mediziner Hans Hugo Bruno Selye (1907 – 1982) den Begriff Stress. Er sagte sinngemäß: „Stress kann nur medizinisch behandelt werden.“ Er sah Stress als zusammenhängende hormonelle Leistung des Vorderlappens der Hirnanhangsdrüse und der Nebennierenrinde.

„Aha“, murmelte Sigi, „unter Stress hatte ich mir bisher eher etwas anderes vorgestellt.“

„Nach Selyes Überlegungen wäre es eher richtig, statt Stress das Wort ‚Überbeanspruchung‘ oder ein vergleichbares Wort zu benutzen.“

„Hätte ich nichts dagegen“, warf ich ein.

„Da wir in der heutigen Zeit aber oft gedankenlos mit dem Wort Stress umgehen, lass uns dieses Wort auch weiterhin benutzen.“

„Ist schon recht“, murmelte ich zustimmend und las weiter.

„Wir unterscheiden zwischen:

- Eustress

der positiv, emotional getönte Stress, zum Beispiel bei freudigen Erwartungen. Ist positiv für uns.

- Disstress

der weniger angenehme Gefühle bereitet, zum Beispiel in Konfliktsituationen, Streit, Zeitdruck und so weiter.“

„Oh“, rief ich verwundert aus, „das bedeutet ja, dass ich auch positiven Stress haben kann?“

„Hast du denn noch nie vor einem freudigen Anlass Herzklopfen bekommen?“, wollte Winni wissen.

„Doch, ja. Vor einer Geburtstagsfeier oder vor einem Treffen mit einem netten Bekannten.“

„Ja, so etwas. Das bedeutet nach unserer Auflistung Stress.“

„Warum entsteht denn überhaupt Stress?“, fragte ich – plötzlich richtig interessiert – nach.

12. Kampf oder Flucht

„Stress entsteht, damit du in sogenannten ‚Stress-Situationen' sehr schnell reagieren kannst. Stell dir einen Neandertaler vor, der am Lagerfeuer sitzt. Plötzlich raschelt es hinter ihm. Ist es ein Raubtier?"

„Hoffentlich nicht."

„Bliebe unser Neandertaler starr sitzen und es wäre ein Raubtier, dann hätte er wohl schlechte Karten."

„Allerdings."

„Deshalb hat der Neandertaler zwei Alternativen."

„Nämlich?"

„Kampf oder Flucht. Im ersteren Fall bedeutet das, dass er sich aktiv dem möglichen Kampf mit dem Raubtier stellen wird. Er bringt die unangenehme Sache hinter sich."

„Flucht bedeutet wohl, dass er flieht?", folgerte ich logisch.

„Ja, der Neandertaler läuft weg, weil er sich so bessere Überlebens-Chancen ausrechnet."

„Da muss er sich aber sehr schnell entscheiden, ob er kämpfen oder fliehen soll."

„Sehr schnell, ja. Und deshalb hilft ihm sein Körper, sich entweder optimal auf den Kampf oder auf die Flucht einzustellen."

„Und wie?"

„Bei Stress reagiert der Körper so: …", Winni peitschte mit seinem Schwanz und eine seiner berühmten Listen erschien in der Luft. Dort konnte ich lesen:

- der Blutkreislauf wird beschleunigt
- der Herzschlag steigt
- der Blutdruck steigt, das Adrenalin wird verstärkt ausgeschüttet
- die Blutgefäße verengen sich
- das Blut wird der Haut entzogen, der Gestresste wird blass
- das Blut gelangt schneller ins Gehirn, damit der Gestresste schneller denken kann
- die Grundspannung in den Muskeln wird erhöht, weshalb es möglicherweise zum Zittern kommen kann
- die Atemfrequenz steigt
- zu Beginn des Stresses steigern Darm und Harnblase ihren Drang zur Entleerung, dann aber, in der tatsächlichen Stress-Situation, verschwindet der Drang zur Entleerung
- die Verdauung wird verlangsamt
- die Speichelproduktion wird reduziert
- zur besseren Abkühlung wird Schweiß (Angstschweiß) produziert
- der Mund wird trocken

„Jetzt wird mir manches klar“, gab ich zu, „aber – wenn ich heute zum Beispiel in Prüfungs-Stress gerate – was bedeutet dann Kampf und was bedeutet Flucht?“

Ich glaubte, ein bewunderndes Lächeln um Winnis Augen zu erkennen, als er antwortete: „Kampf bedeutet hier, sich der Prüfung zu stellen. Flucht hingegen heißt, sich vor der Prüfung zu ‚drücken‘. Vielleicht wähle ich den Weg in die Krankheit.“

„Aha.“ Mir wurde noch mehr klar.

„Beachte bitte“, belehrte mich Winni, „dass der Körper durch die Flucht <u>tatsächlich</u> krank werden kann. Es handelt sich dann keineswegs nur um eine Einbildung.“ Winni legte eine Pause ein.

„Ist ja wirklich interessant“, bemerkte ich nachdenklich aber zugleich zustimmend.

„Sowohl durch den Kampf als auch durch die Flucht wird der Stress abgebaut“, ergänzte Winni. „Vergiss aber nicht, dass ein tagtäglicher Berufs- oder Lebensstress nicht so einfach abzubauen ist, wie es dem Neandertaler damals gelang.“

„Erscheint mir logisch“, warf ich ein.

„Deshalb sollte ein Mensch versuchen, möglichst wenig Stress aufzubauen.“

„Leuchtet mir ein, Winni. Woher weiß ich, ob ich viel unter Stress leide?“

„Lies dir bitte die folgenden zehn Fragen durch und beantworte sie.“ Winni gab mir diese Liste:

(Liebe Leserin, lieber Leser, bitte beantworten Sie die zehn Fragen mit ja oder nein. Lesen Sie danach weiter.)

Stress-Test	ja	nein
Ich gönne mir wenig Ruhepausen.		
Ich trinke viel Kaffee, um mich fit zu halten.		
Ich grüble lange über Fehler nach.		
Ich suche die Schuld bei anderen.		
Ich bemitleide mich bei Misserfolgen.		
Ich trinke zur Entspannung Alkohol.		
Ich nehme Aufputschmittel.		
Ich rauche viel zur Beruhigung.		
Ich schlafe oft sehr schlecht ein.		
Ich habe Angst vor der Zukunft.		

Ich füllte die Liste aus. „Fertig, Winni.“

„Zähle bitte, wir oft du ‚ja‘ angekreuzt hast“, forderte mich Winni auf.

(Liebe Leserinnen und Leser, zählen Sie bitte, wie häufig Sie ‚ja‘ angekreuzt haben. Lesen Sie dann weiter.)

Winni fuhr fort: „Je öfter du ‚ja' angekreuzt hast, desto mehr Stress bereitet dir dein Leben."

Ich schaute mir mein Ergebnis an. So ganz war ich nicht zufrieden mit mir. „Wie kann ich mein Ergebnis verbessern?"

„Überdenke dir folgende Aussagen und überlege, ob du sie ‚leben' kannst!"

13. Die zwölf Anti-Stress-Vorsätze

Nach und nach erschienen aus dem Nichts Aussagen, die alle mit ‚ich' begannen.

- Ich mache das Beste aus jeder Situation.
- Ich suche immer nach Verbesserungen.
- Ich denke positiv.
- Ich vermeide Negativ-Wörter wie: „Sollte, müsste, man, eigentlich, vielleicht, halt, nicht, kein und andere."
- Ich ignoriere negative Gedanken.
- Ich sammle positive Nachrichten.
- Ich lebe optimistisch.
- Ich führe Selbstgespräche mit positivem Inhalt.
- Ich freue mich auf jeden neuen Tag.
- Ich bin verantwortlich für meinen Erfolg.
- Ich mobilisiere meine inneren Kräfte.
- Ich <u>lebe</u> mein Leben.
- Ich genieße das Leben.

„Ui", meinte ich und lehnte mich im Stuhl zurück, „da wird ja eine Menge von mir verlangt."

„Nun, Sigi, vergiss nicht, du kannst und sollst ja nicht von heute auf morgen ein neuer Mensch werden. Wenn du dir erst die eine, dann eine zweite, dann eine weitere dieser Aussagen als Vorsatz nimmst, bist du auf dem richtigen Weg. Welche der Anti-Stress-Aussagen erscheint dir denn am wichtigsten? Schreibe sie hier auf!"

---

1. Vorsatz:

(Liebe Leserin, lieber Leser, schreiben Sie jene Anti-Stress-Aussage, die Sie sich als wichtigsten Vorsatz nehmen wollen. Lesen Sie dann weiter.)

Ich schrieb meinen ersten Vorsatz auf und nahm mir vor, diesen auch ab sofort umzusetzen.

14. Anti-Stress-Techniken

Winni dozierte weiter. „Es gibt natürlich noch eine Menge Techniken, die sich dazu eignen, dem Stress vorzubeugen."

„Nämlich?"

„Ich stelle dir im Folgenden 14 Anti-Stress-Techniken vor.

- „Erstens: Führe ein gesundes Leben (bewusste Ernährung, wenig Alkohol, ausreichend Schlaf etc.)"

„Oh, schon Mist", schlüpfte es mir aus dem Mund.

Winni schaute mich fragend an.

„Weniger Alkohol …", verschmitzt schaute ich auf Winni.

„Ja, Ja, das menschliche Leben ist schwer", seufzte Winni mitleidig. Aber – es hilft nichts. So soll es sein.

- Zweitens: Betrachte Schwierigkeiten und Belastungen als Herausforderungen anstatt alles negativ zu sehen."

„Oh"

- „Drittens: Schaffe eine innere Distanz zum Arbeitsgeschehen. Mache dir klar, dass du nicht für alles alleine die Verantwortung trägst – nimm nicht alles persönlich."

„Das gefällt mir gut."

- „Viertens: Thematisiere den Stress (im Erfahrungsaustausch mit Kollegen, durch Gespräche mit dem Partner oder mit Freunden)."

„Leuchtet mir ein." Bisher konnte ich mir alles gut vorstellen, in die Praxis umzusetzen.

- „Fünftens: Baue dir bewusst ein Zeitmanagement auf. Nimm nicht zu viele Aufträge an."

„Klingt nach Arbeitserleichterung."

„Ist es auch - und zwar zu deinem Vorteil", ergänzte Winni und zählte weiter auf:

- „Sechstens: Bereite dich mental auf mögliche schwierige Situationen im Leben vor. Spiele in Gedanken Verhaltensalternativen durch. Der Vorteil hierbei ist, dass dein Gehirn eine zukünftige Situation bereits durchgedacht hat. Du konntest dich somit auf verschiedene Verhaltensweisen deines Gegenübers gedanklich vorbereiten. Du hattest die Chance, mehrere Möglichkeiten gedanklich durchzuarbeiten. Tritt dann die Praxis ein, bist du besser vorbereitet."

„Ist ja phänomenal. Scheint ganz einfach zu sein. Das merke ich mir auf jeden Fall – die mentale Vorbereitung."

- „Siebtens: Schaffe dir Distanz in der jeweiligen Stress-Situation (zum Beispiel überlegen ,Was würde ich in dieser Situation einem guten Freund raten?' oder ,Was würde ein neutraler Beobachter sagen?'). Tritt neben dich (betrachte dich selbst von ,außen')."

„Ich soll sozusagen aus mir rausgehen, mich neben mich stellen und als unbeteiligter Dritter die Sachlage betrachten?"

„Du lernst schnell, Sigi", lobte mich Winni.

Ich war geschmeichelt.

- „Achtens: Schaffe dir möglichst immer Zeit, um nach der Arbeit abzuschalten."

„Kein Problem."

- „Neuntens: Richte dir zu Hause eine ,stressfreie' Zone ein. Oft genügt schon ein Stuhl oder eine Nische, in der du abschalten und dem Müßiggang frönen kannst."

„Hört sich gemütlich an."

- „Zehntens:" Winni konnte wirklich erbarmungslos wie ein Uhrwerk vorgehen, „schaffe dir Auszeiten und Ruhephasen und gönne dir bewusst schöne Dinge (zum Beispiel ein gutes Essen, die Lieblings-Musik hören o.ä.)."

„Klingt super."

„Ruhepause heißt nicht, gar nichts mehr zu tun", warnte mich Winni. „Und weiter geht's mit

- Elftens: Tue öfter etwas ‚außer der Reihe', womit du dich einige Stunden aus dem Alltagsgeschäft ausklinken kannst."

„Na ja, ich weiß nicht recht", zweifelte ich die letztgenannte Technik an.

„Versuch es einfach, Winni, du wirst schon sehen", ermunterte mich Winni.

- „Zwölftens: Schaffe dir körperlichen Ausgleich (zum Beispiel Joggen, Radfahren, Wandern usw.)"

„Das hört sich schon wieder nach Arbeit an. Aber, wenn du meinst, Winni, dann lass ich es mir durch den Kopf gehen."

„Schön", war Winnis kompletter Kommentar. Und er fuhr fort:

- „Dreizehntens: Nutze Entspannungstechniken. Viele Anbieter, Weiterbildungsinstitute und Sportvereine, Fitness-Studios und Volkshochschulen haben ein umfangreiches Angebot an Entspannungstechniken (Autogenes Training, Meditation, Progressive Muskelentspannung, Tai Chi und so weiter). Sicherlich ist auch das Richtige für dich dabei."

Winni stand auf und ging einmal um den Tisch. Fehlte nicht noch eine Technik?

„Du hast Recht, Sigi, es fehlt noch die vierzehnte Technik." Winni blieb schlagartig stehen und schaute mir direkt in die Augen.

Ich vergaß immer wieder, dass Winni meine Gedanken lesen konnte. Etwas niedergeschlagen brummte ich: „Nun?"

„Also denn", hob Winni an: „letzte Technik:

- Vierzehntens: Starte eine Fantasie-Reise!"

‚Fantasie-Reise' – Winni ließ dieses Wort auf mich einwirken.

„Eine Fantasie-Reise?", fragte ich verwundert, „was verstehst du darunter, Winni?"

Winni setzte sich, faltete die Hände und schaute mich mitleidig an. Geduldig begann er seine Erklärung: „Lass uns die folgende Vorstellung gedanklich durchspielen. Du legst dich bequem auf den Rücken, schließt die Augen und stellst dir vor, ein Tier zu sein. Wähle dir dein Lieblingstier. Alles um dich herum ist friedlich. Fange an, dich wie das Tier zu bewegen. Bist du ein Vogel, so hebe ab und fliege elegant durch die Lüfte. Bist du ein Fisch, so lasse dich geräuschlos durch das Wasser gleiten. Bist du ein Landtier, setze dich in Bewegung. In all diesen drei Fällen kannst du dich, frei von Gefahren, fortbewegen. Betrachte und beobachte deine Umgebung. Spürst du die angenehme Temperatur, die dich umgibt?"

Tatsächlich spürte ich die räumliche Umgebung auf meiner Haut. Friedvoll bewegte ich mich weiter und schaute mich in alle Richtungen um. Wie friedlich alles war. Richtig entspannend …, sehr angenehm …

„Sigi! Hallo Sigi!", hörte ich von weitem Winnis Stimme. „Sigi, komme zurück und werde wieder du selbst!", forderte mich Winni auf.

Ich streckte mich. „Schade", sagte ich zu Winni, „das war gerade sehr angenehm."

Winni schaute mich sehr zufrieden an. „Na, siehst du!", rief Winni aus. „Also scheint diese Technik sehr geeignet für dich zu sein, oder?"

„Ich denke schon, Winni. Diese Fantasie-Reise gefällt mir ausgesprochen gut. Ich verspreche dir, hin und wieder eine Fantasie-Reise zu unternehmen."

(Liebe Leserin, lieber Leser, lesen Sie hierzu bitte die Vorschläge. Arbeiten Sie danach weiter)

Auslegungen zu Fantasie-Reise:

Tipp: Suchen Sie drei verschieden Fantasie-Reisen aus.

- Fantasie-Reise als Vogel (Adler oder Kolibri?). Heben Sie ab, schweben Sie durch die Lüfte. Betrachten Sie sorglos von oben die Landschaft. Nehmen Sie den Geruch der frischen Luft wahr und lassen Sie den Wind auf Ihrer Haut spielen.
- Fantasie-Reise als Fisch (Delphin, Walfisch oder ein anderes?). Gleiten Sie ins Wasser und tauchen Sie gefahrlos in die geräuscharme Tiefe. Lassen Sie sich vom Wasser umspülen und lassen Sie den Eindruck scheinbar schwerelos schwimmender Unterwasserlebewesen auf sich wirken.
- Fantasie-Reise als Landtier (Pferd, Löwe, Katze oder ein anderes?). Schleichen oder galoppieren Sie durch die Felder, springen Sie fröhlich in die Luft, genießen Sie die Sonne, riechen Sie die Pflanzen und erfreuen Sie sich Ihres Daseins.

Vergessen Sie bitte nicht, sich am Ende der Reise wieder in einen Menschen zu verwandeln.

„Übrigens", fragte Winni, „hast du heute schon gelächelt?" und dabei lächelte er mich an.

Ich konnte nicht anders und musste nun auch lächeln.

„Na klar", rief ich aus, „das Leben ist viel zu schön, um traurig durch den Tag zu gehen. Ich freue mich, dass ich weiß, wer ich bin und dass ich jetzt weiß, was ich kann."

Lächelnd, mit seinem linken Arm mir zuwinkend, verschwand Winni nach und nach – so, als löse er sich langsam in ‚Nichts' auf.

Teil 5
Realistische Zielsetzung! Was will ich?

1. Was ist Zeit?

„Hallo Winni, lange nicht gesehen", begrüßte ich Winni ironisch schmunzelnd.

„Tja, wie die Zeit vergeht …", nickte Winni, „eh wir uns versehen, ist schon wieder ein Tag vorbei."

„Das ist wahr", stimmte ich Winni zu, „ich kann mich noch sehr gut erinnern, dass es mir als Kind nicht schnell genug ging, mit der Zeit."

„Weshalb?", wollte Winni wissen.

„Nun", fuhr ich fort, „für mich dauerte es immer Ewigkeiten, bis ich wieder Geburtstag hatte."

„Ja, das stimmt wohl", seufzte Winni und stöberte in der Vergangenheit. „Auch dauerte es Ewigkeiten, bis wieder Weihnachten war."

Wir seufzten beide gleichzeitig.

„Heute", spann ich die Idee weiter, „heute ist ‚ruck, zuck!' ein Tag vorbei."

„Oder ein Monat", pflichtete Winni mir bei.

„Oder ein ganzes Jahr", ergänzte ich.

Wieder seufzten wir beide.

„Wie es wohl in der Zukunft aussehen mag?", fuhr ich nachdenklich fort, „ob dann die Zeit nur so vorbeirast?"

„Das wird die Zukunft schon zeigen", meinte Winni nachdenklich und mit dem Kopf nickend.

Es wäre ja wirklich einmal interessant zu wissen, was Zeit überhaupt ist? „Was ist ZEIT?", murmelte ich undeutlich.

„Jeder hat sie, aber viele sagen ‚Hab keine Zeit'. Ist ja wirklich komisch. Wir reden von etwas, was meines Erachtens noch gar nicht richtig definiert ist."

„Da musste ich zustimmen: „Ich weiß zwar was eine Minute ist oder eine Stunde, aber was ist die Zeit …? Ja, eine Zeit-<u>Einheit</u>, das ist für uns geklärt. Aber die Zeit …?"

Wir schauten uns fragend an und wussten auch nicht weiter.

„Hast du dir denn schon einmal Gedanken über deine Zeiteinteilung gemacht?", fragte mich Winni schließlich.

„Hm, … also … eigentlich …", stotterte ich.

„Eigentlich?", fragte Winni drohend.

„Na ja, also, nun nein", entschied ich mich, „hab ich noch nicht."

„Dann wird's aber Zeit", forderte er mich auf. „Machen wir uns Gedanken über deine Zeiteinteilung!"

„Einverstanden."

Winni stand auf und zeichnete mit seinem Schwanz einen großen Kreis in die Luft.

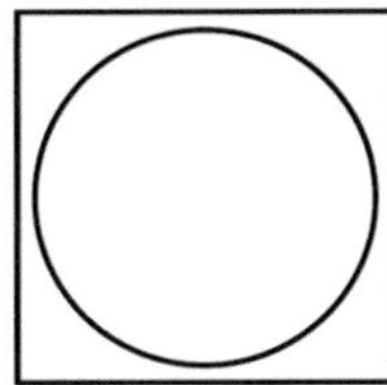

„Dieser Kreis stellt einen Tagesablauf dar", erklärte Winni, „genau gesagt, die Zeit, die ein Tag beinhaltet. Also 24 Stunden." Er betrachtete sich stolz den Kreis.

„Wie viel Zeit würdest du gerne für Freizeit, Arbeit und Schlaf vorsehen?"

Da musste ich nicht lange überlegen. „Jeweils ein Drittel", sagte ich spontan.

„Oh", meinte Winni, „also so etwa?" Mit einer Handbewegung hatte er plötzlich den Kreis in drei gleich große Abschnitte geteilt.

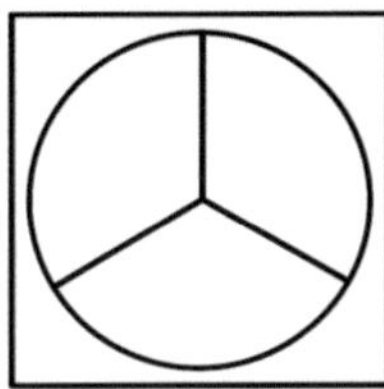

„Nun mit Beschriftung." Zack – und noch eine Handbewegung – und die Kreissegmente waren beschriftet.

„Sieht schön aus", lobte Winni sein Werk und betrachtete es ausgiebig. Zufrieden nickte Winni mit dem Kopf. „Aber ...", unterbrach er dann doch, „aber

…", wiederholte er, „so sieht die Realität doch wohl kaum aus, oder?" Winni schien mich mit seinen Augen zu durchbohren.

„Oh", stammelte ich, „ja … also nein."

„Also was denn nun?" Winni wurde ungeduldig.

„Ich meine", langsam gewann ich meine Selbstbeherrschung wieder, „ich meine, dass die Realität natürlich anders aussieht."

„Das meine ich auch", bestätigte Winni. „Und nun …" und ‚zack' war ein zweiter leerer Kreis gemalt, „teile die Zeit mal so ein, wie sie deiner Meinung nach ist."

Ich gab mir einen Ruck und begann, den Kreis in Zeit-Segmente einzuteilen. „Wohin gehört denn die Fahrzeit zur Arbeit?", wollte ich wissen.

„Zähle die Fahrzeit, also den Hin- und Rückweg zur Schule, zur Uni oder zum Arbeitsplatz, zur Arbeitszeit."

„Ist gut." Aber schon musste ich wieder stocken. „Einkaufen, Besorgungen, Staubsaugen?"

„Du lieber Himmel!", rief Winni aus, „sei doch nicht so einfallslos. Schreib es von mir aus unter Haushaltsarbeit!"

Ich sagte gar nichts mehr und malte meinen Kreis voll.

Ist-Zeit

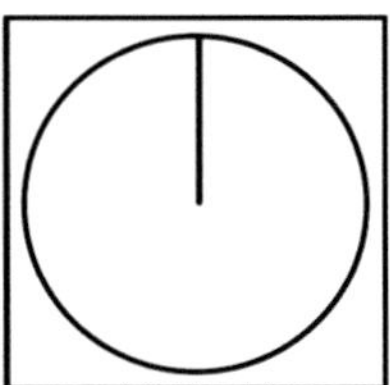

(Liebe Leserin, lieber Leser, bitte teilen Sie diesen Kreis in ‚Durchschnitts-Tages-Abschnitte' ein. Lesen Sie dann weiter.)

Es fiel mir nicht leicht, den Kreis auszufüllen. Aber am Ende meiner Übung, nach einigem Hin und Her, war ich einverstanden mit meiner Aufteilung. Ich zeigte sie Winni: „Hier, mein Zeit-Kreis."

Winni betrachtete meinen Kreis und nickte zustimmend: „Sieht recht wahrheitsgemäß aus."

Ich war froh.

„Findest du", fragte Winni, dass dieser Ist-Zustand deiner Zeiteinteilung erstrebenswert ist?

„Na ja, eigentlich nicht."

„Eigentlich???" Drohender Blick!

„Entschuldigung", murmelte ich, meinen Blick gesenkt.

„Schon gut.", versöhnend nickte mir Winni zu. „Nun?"

„Ich finde, dass mir etwas mehr Freizeit guttäte. Nach meiner Aufteilung bleibt dafür ja kaum Zeit!"

„Das finde ich auch", stimmte mir Winni zu.

„Aber ich kann doch nichts ändern. Ich habe so viel zu tun", enttäuscht schaute ich auf meinen Kreis.

Winni sagte nichts.

„Oder kann ich doch etwas tun?", fragte ich hoffnungsvoll.

„Na klar", entgegnete Winni aufmunternd.

„Was denn?"

„Ganz einfach." Winni ließ sich Zeit. „Du änderst einfach deine Zeiteinteilung!"

Was sollte das denn schon wieder? „Das ist doch Unfug", rief ich aus, „ich kann doch nicht so mir nichts dir nichts meine Zeiteinteilung ändern!"

„Warum nicht?", fragte Winni in aller Ruhe.

„Weil, weil …", verflixt, jetzt fiel mir kein vernünftiges Argument ein.

„Siehst du", feixte Winni „du kannst vielleicht deine reine Arbeitszeit nicht beeinflussen, aber sehr wohl den Weg dorthin und zurück. Vielleicht kannst du auf diesem Weg bereits Erledigungen machen oder früher oder später schlafen gehen oder gezielter im Internet arbeiten oder … …"

„O.k., o.k., ich habe verstanden." Und ich malte einen Soll-Zeit-Kreis:

Soll-Zeit

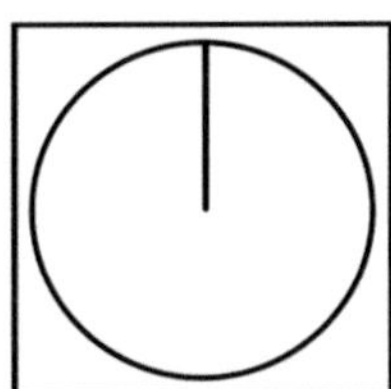

(Liebe Leserin, lieber Leser, bitte füllen Sie diesen Soll-Kreis so aus, wie Ihr Tagesablauf aufgeteilt sein SOLL. Lesen Sie dann weiter.)

2. Die eingeschneite Skihütte

„Hm, hm, hm, was so alles passiert", Winni schüttelte nachdenklich den Kopf und deutete auf einen Artikel in der Zeitung, die vor ihm lag.

„Was ist passiert?", wurde ich neugierig.

„Eingeschneit – vier Tage lang – keine Hilfe von außen – furchtbar", stöhnte Winni.

„Schlimm", stimmte ich zu. „Aber andererseits", gab ich zu bedenken, „andererseits doch ganz toll."

Winni schaute auf: „Wieso denn das?", fragte er erstaunt.

„Was ich da alles machen könnte …" In Gedanken fing ich schon an, mir auszumalen, wie ich die Einsamkeit genießen würde.

„Dann lass uns eine Übung daraus machen", schlug Winni vor und legte die Zeitung beiseite.

Er fuhr fort: „Stelle dir vor, du bist auf einer Wanderung durchs Gebirge. Ein herrlicher Tag. Doch plötzlich ziehen dunkle Wolken auf. Schon beginnt es zu schneien. Immer mehr, immer stärker. Im Schneetreiben erkennst du eine Blockhütte, auf die du zueilst. Dort angekommen, klopfst du an die schwere Holztür. Keine Reaktion. Der Schnee peitscht gegen deinen Körper, sodass du dich schließlich entschließt, in die Hütte einzutreten."

„Ist die Tür denn unverschlossen?", fragte ich.

„Ja. Du trittst ein und schließt die Tür gleich wieder hinter dir, damit der Schnee nicht in die Hütte fegt."

„Und?"

„Niemand da."

„Ach, schade."

„Du schaust dich um und stellst fest, dass die Hütte aus einem einzigen Raum besteht. Der Raum ist recht gemütlich eingerichtet. Bett, Sessel, Tisch, Stuhl, Kommode, Bücherschrank und – ein schöner Kamin mit gestapeltem Brenn-Holz."

„Wie gemütlich!"

„Es gibt weder Fernseher, noch Radio, Telefon oder Computer. Nur ein altes Grammophon mit einigen Uralt-Platten steht auf der Kommode. Elektrisches Licht oder sonstige Stromquellen sind nicht zu finden."

„Hab ich ein Handy dabei?", wollte ich wissen.

„Nein, natürlich nicht", zwinkerte Winni mir zu. „Keinerlei Kontakt zur Außen-welt. Die Hütte scheint zwar bewohnt. Aber offensichtlich war schon lange niemand mehr da."

„Aha"

„In der Kommode entdeckst du genießbare Lebensmittel und Getränke."

„Das ist schon mal gut", sagte ich erleichtert.

„Du hast gar nicht bemerkt, dass die Hütte inzwischen völlig eingeschneit ist. Du kannst nicht mehr weg – und ganz sicher wird auch niemand mehr kom-men."

„Auweia."

„Beschreibe, wie du den Abend verbringst. Gehen wir davon aus, dass du die Hütte am nächsten Vormittag wieder verlassen kannst."

Ich machte mich an die Arbeit.

(Liebe Leserin, lieber Leser, bitte schreiben Sie auf, wie Sie den Abend ver-bringen würden. Arbeiten Sie danach weiter.)

Wie ich den Abend in der Hütte verbringe:

Endlich hatte ich es geschafft. Diese Geschichte war wie ein Traum. Ich fand es schön, mich meinen Gedanken hinzugeben und mich in diese Lage zu ver-setzen. Mit einem lauten Seufzer legte ich mein Blatt vor mir ab.

„Weshalb seufzt du so?" Fragend schaute mich Winni an.

„Es wäre so schön, wenn ich tatsächlich mal die Zeit hätte, bei knisterndem Kaminfeuer in einem dicken, alten Buch zu schmökern. Ach herrlich." Wieder rückte ich mit meinen Gedanken zur Geschichte hin.

„Aber Sigi, du kannst doch jederzeit ein schönes, dickes Buch lesen", warf Winni ein.

„Leider keine Zeit", gab ich zu Bedenken.

„Oder einen ganzen Abend lang nur bei ansprechender Musik entspannen", schlug Winni vor.

„Nein, ich habe auch dafür keine Zeit", musste ich einwenden.

„Nun hör mal gut zu, Sigi", und Winnis Ton wurde ziemlich drohend, „keine Zeit – keine Zeit. Was sind das für Ausreden? Haben wir uns nicht erst vorhin ausführlich über die Zeiteinteilung deines Tages unterhalten?" Ohne Verständnis schüttelte Winni den Kopf.

„Ja schon, aber ..."

„Du findest immer eine Ausrede!", fauchte Winni mich an. „Wenn du das ändern willst, dann packe es gefälligst an. Finde nicht immer Ausreden, weshalb etwas NICHT geht. Suche nach Lösungen beziehungsweise nach Lösungswegen <u>wie</u> etwas geht und du wirst sie schon finden."

Aufgebracht rannte Winni im Zimmer hin und her. „Ewig diese Killerphrasen", murmelte er erregt. „So, und die Skihütte vergiss auch wieder!"

3. Das Drehbuch des Lebens

Winni hatte sich wieder beruhigt. „Sigi, wie wär's mit einer kleinen Drehbuchautorarbeit?"

„Eine Drehbuchautorarbeit? Was ist denn das?"

„Was hältst du davon, ein kleines Drehbuch für einen fiktiven Film zu schreiben?"

„Jaa ...", wand ich mich etwas unwohl, „und welchen Titel soll der Film haben?"

„Einen herausfordernden Titel – nämlich: ‚Mein Leben'."

Winni ließ den Titel auf mich einwirken. Aber er wirkte nicht.

„Mein Leben?", fragte ich verunsichert. Ganz überzeugt war ich immer noch nicht.

„Ja, ein Film mit dem Titel ‚Mein Leben'", versuchte Winni mich zu motivieren.

„Na gut, und was soll da passieren?"

„Tja Sigi, es ist <u>dein</u> Film", brauste Winni auf, „du musst doch wissen, was in <u>deinem</u> Film passiert oder passieren kann."

Ich gab klein bei. „O.k.", murmelte ich.

„Darf ich dir ein paar Tipps geben?", versuchte Winni mich aufzumuntern.

„Gern", hauchte ich erleichtert.

Winni setzte sich aufrecht hin und zählte an den Fingern ab:

- „Wo spielt der Film?
- Wie verläuft die Handlung?
- Wer übernimmt die Hauptrolle(n)?
- Wer übernimmt die Nebenrollen?
- Wo sind die Wendepunkte im Leben?
- Wie ist das Ende des Films?
- Gibt es eine Moral?"

Winni ließ in einer kleinen Pause die Fragen auf mich einwirken. Dann fuhr er fort: „Das sind natürlich nur ‚mögliche' Fragen. Andere fallen dir vielleicht noch ein."

Ich gab mir einen Ruck: „Ich fange gleich an." Ich nahm das folgende Blatt und schrieb mein Drehbuch hinein.

(Anmerkung an die Leserin und den Leser: Bitte schreiben Sie Ihr Drehbuch nieder und lesen Sie dann weiter.)

Drehbuch: Mein Leben

„Hier, Winni, ich bin fertig. Ich lese es dir vor." Ich las Winni mein Drehbuch vor und er hörte geduldig zu.

(Anmerkung an die Leserin und den Leser: Bitte lesen Sie sich Ihr Drehbuch nochmal vor und arbeiten Sie dann weiter.)

„Sehr schön", meinte Winni, nachdem ich am Ende des Drehbuchs angelangt war, „halten wir fest:"

(Anmerkung an die Leserin und den Leser: Bitte beantworten Sie die Fragen und schreiben Sie die Antworten auf ein Blatt Papier.)

Teil 5 – Realistische Zielsetzung! Was will ich?

1.	**‚Wo spielt der Film?'**	
2.	**‚Wie verläuft die Handlung?'**	
3.	**‚Wer übernimmt die Hauptrolle(n)?'**	
4.	**‚Wer übernimmt die Nebenrollen?'**	
5.	**‚Wo sind die Wendepunkte in Ihrem Leben?'**	
6.	**‚Wie ist das Ende des Films?'**	
7.	**‚Gibt es eine Moral?'**	

(Anmerkung an die Leserin und den Leser: Bitte lesen Sie die Fragen hierzu und vergleichen Sie die dort gemachten Vorschläge mit Ihren Antworten. Arbeiten Sie danach weiter.)

Auslegungen zu ‚Drehbuch' - Vorschläge

1.	‚Wo spielt der Film?'	Denkanstöße für die Leser:	
2.	‚Wie verläuft die Handlung?'	Überwiegend positiv, nach negativen Einschnitten deutlich in Richtung positive Entwicklung? Hektisch? Ausgeglichen? Eintönig oder spannend?	
3.	‚Wer übernimmt die Hauptrolle(n)?'	Auch wenn es sehr egoistisch klingen sollte, die wichtigste Person in Ihrem Leben sind Sie selbst. <u>Ohne Sie, gäbe es diesen Film nicht.</u> Deshalb ist es richtig, wenn die / eine Hauptrolle durch Sie besetzt ist.	
4.	‚Wer übernimmt die Nebenrollen?'		
5.	‚Wo sind die Wendepunkte in Ihrem Leben?'	Wendepunkte wie zum Beispiel Orts- oder Arbeitsplatzwechsel, Partner kennenlernen oder trennen,	

		Abschlüsse, Diplome, Unfälle, To-desfälle und anderes.	
6.	,Wie ist das Ende des Films?'	Unter mehreren Möglichkeiten er-scheinen jene sinnvoll, die ein offe-nes Ende [was bringt die Zukunft] beziehungsweise ein positive Ende zeigen.	
7.	,Gibt es eine Moral?'	Nehmen Sie an, Sie würden Ihr Drehbuch zu einem Film verwirklichen lassen. Was lernt der Zuschauer daraus? Enthält der Film einen Appell [tue etwas! – beweg dich! – genieße das Leben!] oder eine Mo-ral [... und die Moral von der Geschichte ...]? Es ist für einen Zuschauer oft hilf-reich, wenn er eine Moral erkennen kann. Dann weiß er, dass es sich gelohnt hat, den Film anzuschauen. Wenn es sich für den Zuschauer gelohnt hat zuzuschauen, dann hat es sich für den Autor des Dreh-buchs [also für Sie, liebe Leserin, lieber Leser] gelohnt, sein Leben zu leben.	

4. Das Leben selbst leben

Winni reichte mir einen Teller mit Sandwichs. Wo er die schon wieder her hatte?

„Vielen Dank", sagte ich und nahm mir ein Käse-Sandwich vom Teller. „Und", fragte ich Winni, „wie gefällt dir mein Drehbuch?" Ich biss in mein Sandwich.

Winni streckte sich in seinem Stuhl. „Gut, Sigi, ich bin beeindruckt."

Das zu hören freute mich. „Danke", antwortete ich murmelnd und aß weiter von meinem Sandwich.

„Ja, ich finde es gut, dass du als Hauptperson überwiegend die Handlung des Films bestimmst. Es ist schließlich <u>dein</u> Leben."

„Ja", warf ich ein, „aber ich kann leider nicht <u>immer</u> das tun, was ich möchte."

„Das ist kaum anders zu erwarten", belehrte mich Winni. Solange du in einer Gesellschaft lebst, wirst du immer von anderen bestimmt werden. Ich meine damit, dass andere über dich bestimmen werden."

„Was verstehst du unter ,von anderen bestimmt werden'?"

„Andere Menschen greifen in dein Leben ein. Eltern, Lehrer, Vorgesetzte, Nachbarn, der Fahrgast, der neben dir im Bus sitzt und so weiter und so wei-ter."

„Oh", sagte ich erschrocken, „von dieser Seite aus habe ich das noch gar nicht betrachtet."

„Die anderen Menschen, also dein soziales Umfeld, beeinflussen dein Leben. Je mehr du dich beeinflussen lässt, desto mehr wirst du ,fremd-gelebt'!"

Winni ließ dieses Wort auf mich einwirken.

„Fremd-gelebt", murmelte ich nachdenklich. Mein angebissenes Käse-Sandwich hatte ich längst zur Seite gelegt. „Wenn ich es mir genau überlege, beeinflussen mein Leben in der Tat viele Fremde."

„So ist das in einer Gesellschaft. Das Risiko ist lediglich, dass du dich <u>zu viel</u> von anderen beeinflussen lässt. Am Ende machst du nur noch das, was andere von dir wollen. Pass auf" und Winni erhob mahnend seinen rechten Zeigefinger, „pass auf, dass du nicht gelebt wirst!"

Winni hatte zweifellos recht. Wie oft hatte ich schon auf etwas verzichtet, nur, weil meine Eltern oder Arbeitskollegen mich um etwas anderes baten. Und unhöflich sein wollte ich auch nicht. Sollte ich jetzt egoistischer werden? Ich musste Winni fragen: „Du, Winni, soll ich denn unter verstärktem Einsatz meiner Ellbogen egoistischer werden?"

„Sigi, ich nenne es lieber: selbstbewusster werden. Nicht böse aggressiv, aber schon mal ‚nein' sagen können. Das ist ein ziemlich guter Weg, selbstbewusst zu werden. Deutlich erkennen: <u>ICH</u> lebe mein Leben."

Damit konnte ich leben.

5. Killerphrasen

„Was verstehst du unter Killerphrasen?", fragte ich vorsichtig nach.

„Na ja, das sind Aussagen, die eine Lösungsfindung gar nicht zulassen."

„Kannst du mir ein Beispiel nennen?"

„Klar kann ich das", rief Winni aus, plötzlich wieder Feuer und Flamme, „sogar fünf oder zehn oder noch mehr."

Mit einem peitschenden Hieb seines Schwanzes zauberte er eine Liste in die Luft. Oben auf der Liste konnte ich das Wort ‚Killerphrasen' lesen.

- das war schon immer so
- das geht in unserer Firma nicht; das geht bei uns nicht
- versuchen Sie das mal mit unseren Mitarbeitern
- das ist zu teuer
- das hat noch nie funktioniert und wird auch nie funktionieren
- dafür haben wir keine Zeit
- dass ausgerechnet <u>Sie</u> das sagen
- von <u>Ihnen</u> hätte ich das nicht erwartet!
- in (Deutschland) geht das nicht
- dafür ist unser Unternehmen zu groß / zu klein
- das hat schon Ihr Vorgänger vergeblich versucht
- bringt ja sowieso nichts
- daran hat sich schon Frau X die Zähne ausgebissen
- steht in keiner Relation
- da kriegen Sie nie die Zustimmung (vom Vorgesetzten, vom Chef, vom Vorstand)
- dazu fehlen uns die Maschinen
- dazu haben wir kein Know-how
- das können wir sowieso nicht
- früher hat's auch <u>so</u> geklappt
- alles so neumodische Dinge
- damit kann doch keiner was anfangen
- sowieso alles Mist
- das brauchen wir gar nicht erst zu probieren
- unmöglich
- wir leben doch nicht mehr im Mittelalter
- das haben wir <u>so</u> noch nie gemacht
- Blödsinn!
- absolut nicht machbar

„Ich kenne noch welche", rief ich begeistert aus, „nämlich:

- Das klappt sowieso nicht!
- Nur so kann das funktionieren!
- Das ist noch nicht ausgereift!"

„Du hast es geschafft, Sigi. Schönen Tag noch." Und – zack – war Winni verschwunden.

Furchtbar, dass Winni immer so schnell verschwinden musste …

6. Wenn ich für einen Tag ein Tier sein könnte

Schon wieder eine Spinnwebe an der Zimmerecke! Das mochte ich nun gar nicht. Bewaffnet mit einem Besen hatte ich vor, die Spinnwebe wegzufegen. Gerade da hörte ich einen hellen, schrillen Schrei.

„Stopp, halt, Sigi, feg' mich nicht weg!"

Wie erstarrt hielt ich inne. Das war doch Winnis Stimme? Wo steckte denn der Kerl jetzt wieder?

„Hier oben auf dem Spinnennetz! Ich bin's, Sigi, ich, Winni!"

Daraufhin schaute ich mir das Spinnennetz genauer an. Ich konnte nur eine Spinne sehen.

„Aber das bin doch ich, Sigi!"

„Die Spinne bist du?" Ich betrachtete die Spinne genau. Winkte sie mir nicht mit einem ihrer Beine zu? „Kaum zu glauben."

Plötzlich blähte sich die Spinne auf – wurde dick und dicker – und dann – flopp – stand Winni in voller Größe vor mir.

„Na, da wunderst du dich wohl?"

Ich schüttelte den Kopf: „Mich wundert bei dir schon gar nichts mehr."

Winni lachte mich an: „Ab und zu mal was Neues."

„Und, was sollte das?"

„Magst du keine Spinnen?", fragte mich Winni, ohne auf meine Frage einzugehen.

„Spinnen? Muss nicht sein."

„Wenn du für einen Tag ein Tier sein könntest – welches würdest du dann wählen?"

Nach kurzer Überlegung sagte ich: „..."

(HALT, bevor Sie weiterlesen, entscheiden Sie, welches Tier Sie für einen Tag sein wollten. Schreiben Sie Ihre Wahl auf.)

Für einen Tag wäre ich gern mal ....

(Und in die nächste Liste schreiben Sie bitte, weshalb Sie sich für dieses Tier entschieden haben.)

Ich habe mich für dieses Tier entschieden, weil ....

Inzwischen hatte ich Winni meine Entscheidung mitgeteilt und auch die Liste ausgefüllt. Er betrachtete meine Liste und las sie aufmerksam durch. „Hm, hm, hm", murmelte Winni, „interessant."

„Nun spanne mich nicht auf die Folter", flehte ich Winni geradezu an, „was siehst du?"

„Sigi, auf deiner Liste sind einige Dinge aufgeschrieben, wie

- weil ich mal täte, was ich gerne tun möchte
- weil ich mal stärker als andere sein möchte
- weil ich mal Freiheit genießen möchte
- weil ich mal alles von oben betrachten möchte
- weil ich mal ganz klein sein möchte, um andere zu belauschen
- und so weiter und so weiter.

„Ja, als Tier könnte ich mir das ja erlauben."

„Ha", grinste Winni, „vielleicht kannst du das eine oder andere auch als Mensch tun, wenn du nur wolltest."

„Ich habe geschrieben ‚mich mal richtig und ungestört durchs Wasser gleiten lassen!' Was heißt das?"

„Ich bin zwar kein Psychologe – aber ich könnte mir vorstellen, dass es dir guttäte, hin und wieder Abstand zu nehmen von anderen und vom Alltags-Stress. Setze dich einfach ganz gemütlich und ungestört (nachdem du Telefon und Handy abgeschaltet hast) in deinen Lieblingssessel und lasse dich von angenehmer Musik berieseln."

„Das wäre wunderbar."

„Unternimm eine Fantasiereise als Tier, du wirst sehen, wie gut dir das tut. Am Ende deiner Reise verwandelst du dich wieder in dich selbst. Das ist übrigens einer unserer Anti-Stress-Tipps, wenn du dich erinnerst."

„Ich erinnere mich, Winni." Ich merkte, wie mir die Arme leicht wurden und wie ich als Schmetterling abhob in eine wunderbare Welt …

7. Die Sanduhr des Lebens

Als ich am Nachmittag durch die Wohnung ging, entdeckte ich auf dem Tisch einen Gegenstand, der mir unbekannt vorkam. Was war das? Ich schaute genauer hin. Es war eine Sanduhr. Aber jemand musste sie gerade erst umgedreht haben, denn der meiste Sand befand sich im oberen Teil der Sanduhr. Diese Sanduhr hatte ich noch nie gesehen. Wo kam sie her? Ich schaute genauer hin. Bewegte sich da etwas? Ich kniete mich, um besser in die Uhr sehen zu können. Und tatsächlich – da bewegte sich etwas. Noch genauer schaute ich hin.

„Hallo, Sigi", echote es aus dem Glas.

Was war das?

„Hallo Sigi, hier! Ich bin's, Winni", rief's offenbar aus der gläsernen Sanduhr. Und tatsächlich – da war Winni! Mit offenem Mund starrte ich ins Glas.

„Warum glotzt du mich so an?", blaffte mich Winni an und stemmte seine Arme in die Hüfte, „du siehst mich doch nicht zum ersten Mal heute, oder?"

Langsam fand ich meine Fassung wieder: „Wie kommst du in die Sanduhr? Wieso bist du so klein? Was machst du dort?"

„Immer mit der Ruhe, Sigi. Eins nach dem anderen. Hast du denn vergessen, dass ich ein Produkt deiner Gedanken bin? Ich kann überall sein. Selbstverständlich kann ich auch jede Größe annehmen. Nun bin ich hier."

„Aber was machst du dort?", wollte ich nochmal wissen.

„Ich will mich mit dir über die Sanduhr des Lebens unterhalten."

„Na gut, warte." Ich schob mir einen Stuhl zurecht und nahm Platz. So konnte ich Winni im Glas besser sehen. „Es kann losgehen, Winni." Ich war gespannt, was da kommen würde. Winni hatte es sich inzwischen auf dem oberen Sandhügel bequem gemacht. Hin und wieder musste er seine Sitzposition anpassen, da, ganz langsam aber sicher, der Sand nach unten ins Glas rieselte. „Sigi, wie du sehen kannst, befinden sich hier in der Sanduhr unendlich viele Sandkörner."

„Ja, da kann ich nur zustimmen. Ich kann die Sandkörner deutlich erkennen."

„Sigi - falsch! Es sind nicht unendlich viele Körner, sondern <u>endlich</u> viele."

„Mein Gott, bist du pingelig!"

„Aber nein, genau darauf kommt es an. Die Sandkörner sind zählbar, also endlich."

„Von mir aus." Warum musste Winni immer so genau sein?

„Weil jedes Sandkorn einen Augenblick unseres Lebens symbolisiert."

„Ach so", langsam dämmerte es mir, in welche Richtung Winni zielte.

„Ja, für jeden Augenblick deines Lebens stellen wir uns ein Sandkorn vor."

„Oh."

„Immer dann, wenn das Sandkorn durch die schmalste Stelle der Sanduhr rutscht, ist der Augenblick, in dem wir den Augenblick leben."

„Also das gerade durchrieselnde Sandkorn symbolisiert jene Zeit meines Lebens, die ich gerade in diesem Augenblick lebe."

„Ja, lass uns das als IST bezeichnen."

„Dann müssten alle unten im Glas liegenden Körner als WAR bezeichnet werden?"

„Hab ich nichts dagegen. Alle unten im Glas liegenden Körner sind oder wurden gelebt."

„Demnach können wir die Körner, auf denen du sitzt, als WIRD nennen?"

„Machen wir's doch einfach so", bestätigte mich Winni. Schon wieder musste er sich zurechtsetzen, da der Sand in der Zwischenzeit etwas abgerutscht war.

„Da sind ja noch 'ne Menge Sandkörner im oberen Teil der Sanduhr", stellte ich fest.

„Ja, Sigi, das sind alles noch Augenblicke, die du noch leben wirst. Obwohl diese Körner zählbar sind, können wir als Mensch nicht wissen, wie viele es tatsächlich sind."

„Leider nicht", seufzte ich.

„Konzentrieren wir uns auf die IST-Körner", schlug Winni vor.

„Aber, das ist ja immer nur ein einziges, das wir als IST-Korn bezeichnen können oder sehe ich das falsch?"

„Du siehst das genau wie ich es sehe. Ein Korn nach dem anderen wird im Abstand eines Augenblicks zu einem IST-Korn. Dann fällt es nach unten und verwandelt sich zu einem WAR-Korn.“

„Richtig“, bestätigte ich.

8. Vergangenheit – Gegenwart – Zukunft

„So, jetzt genau aufpassen, Sigi.“

Ich rückte mich auf meinem Stuhl zurecht.

Winni nahm eine offizielle Haltung ein. „Betrachten wir uns die IST-Körner. Jedes Mal, wenn ein Korn durch die engste Stelle rutscht, bezeichnen wir es als IST-Korn. In diesem Augenblick ‚leben‘ wir. Nun stellen wir uns vor, was wir in diesem Augenblick gedacht haben. Haben wir uns mit der Vergangenheit, mit der Gegenwart oder mit der Zukunft beschäftigt?“

Ich lehnte mich zurück und musste überlegen. „Na ja, manchmal denke ich an die Zukunft, manchmal an die Vergangenheit aber manchmal genieße ich auch den Augenblick, also, glaube ich, lebe ich in der Gegenwart.“

„So weit, so gut. Warte bitte, Sigi. Ich bin gleich wieder da.“ Winni machte sich ganz dünn.

Was geschah nun? Winni wurde dünn und dünner und verschwand nach unten in den Sand. Gespannt und leicht nervös starrte ich auf die Sanduhr. Doch auf einmal ‚flutschte‘ Winni durch die schmalste Stelle der Sanduhr, um dann etwas unsanft auf dem unten in der Uhr liegenden Sandhaufen zu landen. Leicht benommen schüttelte sich Winni, stand auf und spannte einen Schirm auf. „So“, begann er, „hier bin ich wieder.“ Winni hielt seinen Schirm über sich, um den niederrieselnden Sand abzuweisen.

Insgeheim musste ich Winni bewundern. Wegen der anscheinend ungeahnten Möglichkeiten, die er besaß.

„Gehen wir gedanklich weiter, Sigi“, unterbrach Winni meine Überlegungen. Alle Sandkörner hier unten sind gedachte oder besser noch gelebte Augenblicke. Nun sind sie WAR-Körner.“ Er nahm etwas Sand in die Hand und ließ ihn durch die Finger rieseln. „Jedes Sandkorn ist ein ehemaliges IST-Korn. Nun meine Frage: in dem Moment, in dem ein Korn ein IST-Korn war – hast du dich dann gedanklich in der Gegenwart oder in der Vergangenheit befunden?“

Schwierig zu beantworten. Ich sammelte alle meine geistigen Kräfte. Alle untenliegenden WAR-Körner waren einmal IST-Körner. Habe ich diese IST-Körner als Vergangenheit, als Gegenwart oder als Zukunft erlebt?

„Genau das war meine Frage“, bestätigte mich Winni.

Ich betrachtete den Haufen der WAR-Körner. Die Körner sollte ich nun in Vergangenheits-Körner, Gegenwarts-Körner und Zukunfts-Körner einteilen.

„Ja, Sigi. Teile die unten in der Sanduhr liegenden WAR-Körner in Vergangenheits-Körner, Gegenwarts-Körner und Zukunfts-Körner auf. Zeichne jetzt die entsprechenden Anteile ein.

(Liebe Leserin und lieber Leser, bitte teilen Sie das Feld der WAR-Körner in drei Bereiche (Vergangenheit, Gegenwart und Zukunft) ein. Danach lesen Sie bitte weiter.)

„Ich bin fertig", sagte ich und zeigte Winni meine Einteilung.

„Gut, Sigi", nun ordne bitte den drei Bereichen je eine Prozentzahl zu. Alle drei Prozentzahlen addiert müssen 100 ergeben", schmunzelte Winni und zwinkerte mir mit einem Auge zu.

Wieder nahm ich mein Blatt in die Hand. Dann ordnete ich die Prozentzahlen zu.

WAR-Körner	
%	**Vergangenheit**
%	**Gegenwart**
%	**Zukunft**

(Liebe Leserin und lieber Leser, ordnen Sie bitte Prozent-Zahlen zu und arbeiten Sie dann weiter.)

„Bist du denn mit meinem Ergebnis zufrieden?", fragte ich neugierig.

„Ich bin mit jedem Ergebnis zufrieden. Betrachte deine Zahlen. Sie bedeuten, dass du dich, prozentual gesehen, so und so oft in der Gegenwart befunden hast."

„Könnte ja ein bisschen mehr sein", bemängelte ich mein eigenes Ergebnis.

„Nun", fuhr Winni fort, „es ist klar, dass unser Gedankengut und Leben sehr stark von unserer Vergangenheit beeinflusst wird. Unser Wissen und unsere Erfahrungen der Vergangenheit lassen sich mit unseren Erwartungen und Hoffnungen für die Zukunft kombinieren. Nur so können wir uns sehr wahrscheinlich als Mensch akzeptieren."

Stumm nickte ich zustimmend.

„Manche Menschen denken fast nur an die Zukunft, andere hingegen schwelgen im Erlebten, in der Vergangenheit. Die Frage, die sich dann stellt lautet: Wann <u>leben</u> diese Menschen? Leben sie in der Zukunft oder in der Vergangenheit?"

Dazu wusste ich nichts zu antworten.

„Schau dir das an, wie unaufhörlich der Sand weiterrieselt, Sigi, das ist dein Leben, vergiss das nicht … Noch etwas Philosophie zu diesem Thema.", lud mich Winni ein zuzuhören. „Nach Edmund Husserl (1859 bis 1938) bezeichnet das Gegenwartsbewusstsein das aktuelle Jetzt einer Empfindung. Es ist ein

Ort aller Deutlichmachung beziehungsweise Vergegenwärtigung vergangener und zukünftiger Erlebnisse."

„Ist ziemlich kompliziert", stöhnte ich.

Doch Winni fuhr unbeirrt fort: „Nach Husserl ist die Gegenwart nicht etwa ein klitzekleiner Moment, also nicht punktuell anzusehen, sondern ist eher eine Ausdehnung. In dieser Ausdehnung ist

- das eben Gewesene noch gegenwärtig (Retention) und
- das gleich Geschehende (geschehen Werdende) wird erwartet (Protention)

Es entsteht somit eine Retentionskette, die Vergangenes auffinden lässt."

Winni sagte nichts mehr. Er schaute mich nur an. Seine Augen hinterließen in mir den Eindruck, als wollten sie sagen: ‚Hast du sowieso nicht verstanden.' Ich glaube, Winni hatte recht.

Obwohl es noch früh am Tag war, fiel ich in einen tiefen – unruhigen Schlaf, in dem mich die Gedanken unseres heutigen Gesprächs verfolgten.

9. Carpe diem

Ich träumte: Ich träumte zu schlafen. Ich träumte, wunderschön im kuscheligen Bettzeug zu liegen und zu träumen und zu schlafen. Aber was war das? Irgendwer rüttelte mich gewaltig an der Schulter. Unangenehmer Traum. Ich versuchte mich umzudrehen. Aber das Rütteln ging weiter. Was sollte das sein? Widerwillig ließ ich mich vom Traum ins Wachsein reißen.

Ich öffnete die Augen um zu sehen, was los war. Ich traute meinen Augen nicht. Winni stand strahlend vor mir! Träumte ich?

„Was machst du denn da?", fauchte ich Winni an.

Winni strahlte mich an: „Guten Morgen, Sigi. Hast du gut geschlafen?"

Das durfte doch nicht wahr sein! Gut geschlafen! Wachgerüttelt! „Geweckt hast du mich!", schrie ich Winni ziemlich unsanft an. „Und das mitten in der Nacht!"

Nach einem Blick auf den Wecker: „Und erst vier Uhr!"

„Kennst du Horaz?", fragte Winni unbeirrt.

„Wen? Nein, kenne ich nicht", fauchte ich wie eine Katze.

„Ist ja auch schon tot."

„Tot?", jetzt war ich erschrocken und schlagartig hellwach, „was ist passiert?"

„Nun, Horaz, eigentlich Horatius, war ein römischer Dichter, der im Jahre 13 vor unserer Zeitrechnung ein Buch über die Dichtkunst ‚ars poetica' schrieb. Da muss er ja wohl schon tot sein, oder?" Winni grinste mich an.

„Sag mal, Winni, willst du mich veräppeln?", fragte ich ruhig aber mit drohendem Unterton.

„Nein, Sigi", beschwichtigte Winni, „aber schon Horaz sagte ‚carpe diem', was heutzutage allgemein mit ‚Nutze den Tag' übersetzt wird. Mach was aus deinem Tag!"

„Ja, mach ich doch – aber jetzt lass mich ausschlafen!"

„Nein, Sigi. Horaz sagt ‚Nutze den Tag!', nicht, nutze den halben Tag! Und die Nacht gehört zum Tag!"

„Von mir aus. Wenn du meinst."

„Ja, meine ich. Und Horaz auch. Viele andere Menschen auch."

„Was meinst du denn damit, den Tag nutzen? Darf ich denn zwischendurch nicht schlafen?"

„Na klar darfst du ausschlafen. Aber verstehen wir nicht etwas anderes mit der Aussage ‚Nutze den Tag'?"

„Vielleicht – <u>sinnvoll</u> nutzen?"

„Oha, jetzt kommen wir der Sache schon näher."

„Du meinst also, den Alltag nicht einfach so vergammeln lassen?", hakte ich nach.

„Nicht vergammeln lassen. Ja. Natürlich kannst du <u>auch mal</u> einen Tag vergammeln. Aber genau gesehen – wenn wir nicht gerade an unsere Wiedergeburt glauben – haben wir nur <u>ein</u> Leben. Das sollen und wollen wir nutzen."

„Und wie?"

„Wie gefällt dir der Gedanke, den Tag zu genießen?"

„Jetzt ist es an mir zu sagen, dass wir der Sache näher kommen", meinte ich altklug. „Das gefällt mir wesentlich besser: den Tag genießen. Bewusster leben."

„Ah", rief Winni laut, „genial! Bewusster Leben. <u>Jetzt</u> leben. Den Augenblick genießen. Und – " und nun setzte Winni ein trauriges Gesicht auf, „vergiss nicht – irgendwann ist es vorbei. Bringt es etwas zu sagen ‚Morgen mach ich', … , Wenn ich mal pensioniert bin, mach ich', … , wenn ich mal Zeit hab, mach ich' …"

„Nein, Winni, ich stimme dir zu. Ich benötige nur etwas Zeit, mir diesen Gedanken zu verinnerlichen. Denn, wenn ich es mir genau überlege, dann stimmt es, dass ich vieles in meinem täglichen Leben nicht optimal beziehungsweise nicht bewusst umsetze."

„Schau mal, Sigi", versuchte Winni mich zu überzeugen, obwohl ich gar nicht mehr überzeugt werden musste, „ich finde es zum Beispiel schade, wenn ein Mensch schon am Montagmorgen sagt: ‚Ach, wäre der Tag doch schon vorbei!' Oder noch schlimmer: ‚Ach, wäre die Woche schon vorbei!' – ‚wäre doch wieder Sommer' und so weiter und so weiter. Wäre ich boshaft, könnte ich ergänzen: ‚Wäre das Leben doch schon vorbei! Schade drum. Schade um die Zeit, die uns gegeben ist." Mit diesen Worten löste sich Winni in Nichts auf.

Nachdenklich richtete ich mich auf. Der Tag war schon erwacht. Vögel zwitscherten lauthals und die ersten Fahrzeuge konnte ich aus der Ferne hören. Ich ging zum Fenster und schaute gedankenvoll hinaus. So hatte ich den Morgen noch nie erlebt. Eigentlich ‚schade drum', dachte ich. So friedlich. Wer weiß, was der Tag heute noch alles bringen wird. Ich nahm mir jedenfalls vor, besonders diesen Tag sehr intensiv zu nutzen und sehr bewusst zu leben. Heute Abend, wenn ich zu Bett gehe, wollte ich sagen können: ‚Sigi, das war ein toller Tag heute! Schön, dass du gelebt hast."

Carpe diem.

10. Realistische Zielsetzung

„Hallo", begrüßte mich Winni munter, „was machst du gerade?"

„Oh, eigentlich nichts", erwiderte ich.

„Was heißt ‚eigentlich?", bohrte Winni nach.

„Na ja, also ich mache nichts", korrigierte ich mich.

„Denke daran: ‚Eigentlich' heißt eigentlich nicht."

Ich dachte etwas missmutig nach und musste zugeben, dass ich gestern ‚eigentlich' noch meinen Schreibtisch aufräumen wollte. Weil es aber einen so spannenden Film im Fernsehen gab, sah mein Schreibtisch heute noch genauso aus wie gestern.

„Du hast recht", stimmte ich zu, „also, ich mache gerade nichts!"

„Schade drum", meinte Winni und schaute zur Seite.

Jetzt war ich wieder neugierig: „Wieso denn schade?"

„Nun", gab Winni zu bedenken, „was wirst du denn <u>gleich</u> machen?"

„Gleich? Weiß ich nicht."

„Eben."

„Wieso eben?"

„Erstens machst du nichts – schade um die Zeit. Zweitens weißt du nicht, was du gleich machen wirst. Schade ums Leben."

„Wieso schade ums Leben?", fuhr ich Winni leicht aufgebracht an, „natürlich weiß ich, was ich machen <u>werde</u> im Leben!"

„Was ist das?", bohrte Winni weiter.

„Ja, erstens …, also erstens …", verflixt, jetzt fiel mir doch tatsächlich nichts Vernünftiges ein.

„Wo sind deine Ziele?", ließ Winni nicht locker.

„Wo, wo, wo? Wo sollen die denn sein?", fuhr ich Winni an.

„Also gut", entgegnete Winni in aller Ruhe, „welches sind denn deine Ziele?"

Saublöde Frage, dachte ich. Welches sind meine Ziele?! Da habe ich genug davon. Weniger arbeiten, mehr Geld …

„Weniger arbeiten und mehr Geld haben", sagte ich nun trotzig und herausfordernd.

„Aha, höchst interessant", nickte Winni vor sich hin.

„Was soll denn nun das?", fragte ich aufgebracht, „was heißt höchst interessant?"

Winni ging gar nicht auf meine Frage ein, wollte aber wissen: „Hast du noch weitere Ziele?"

Langsam ging mir Winni auf die Nerven. „Weitere Ziele? Na ja", ergänzte ich nach einer Weile, „glücklich will ich sein."

„Aha", murmelte Winni geheimnisvoll.

„Und jetzt?", fragte ich herausfordernd, „was habe ich denn jetzt davon; von meinen Zielen meine ich?" Ich war wirklich ziemlich sauer.

„Nichts", das war alles, was Winni sagte.

Jetzt war ich baff. „Was heißt ‚nichts'?"

Winni rückte sich zurecht und dozierte: „Was verstehst du unter Glück oder glücklich sein? Für den einen bedeutet Glück, weniger arbeiten zu müssen, für den anderen bedeutet Glück überhaupt arbeiten zu dürfen. Für den einen sind 100 Euro viel, für den anderen wenig. Für den einen ist Geld sehr wichtig, für den anderen ist ein Lächeln seines Partners wichtiger. Was ist Glück? Kannst du mir sagen, was Glück ist?" Winni drohte mich mit seinen dunklen Augen zu durchbohren.

Nach und nach wurde mir klar, was Winni meinte. „Natürlich weiß ich, was Glück ist, aber ich könnte es nicht erklären", gab ich nach.

Winni lächelte wissend: „Und da sind wir! Wir nutzen ein Wort, sehen es als Ziel an und wissen noch nicht mal, was es bedeutet. Sehr logisch. Oder?"

Ich musste zwangsläufig zustimmen.

„Um es mal so auszudrücken", fasste Winni zusammen, „wenn wir unser ursprüngliches Ziel erreichen wollen – unser Selbst-Bewusst-Sein auszubauen, wenden wir uns der 3. Frage ‚was will ich?' zu. Hinter dieser Frage steckt die realistische Zielsetzung …"

„Was verstehst du unter ‚realistischer' Zielsetzung?", wollte ich wissen.

Winni erklärte: „Da wo ich herkomme, sind die Leute recht kreativ. Dauernd haben sie neue und meistens auch wirklich tolle Ideen. Dann kommen sie zu mir ‚Winni höre dir das mal an.' Oder ‚Winni was meinst du hierzu?' Als wäre ich der Einzige, der gute Ratschläge geben könnte. Sigi, ich denke ich muss los – Arbeit wartet auf mich! Wo ist das realistische dabei? Wenn ich mir als Ziel stecke, zum Mars zu fliegen, halte ich das weder für dich noch für mich in der heutigen Zeit als durchführbar. Also ist dieses Ziel für mich nicht realisierbar. Für <u>mich</u> nicht. Vielleicht ist das Ziel aber für die nächste Generation realisierbar."

„Ich verstehe, wenn ich sage: am Wochenende möchte ich nach Bonn fahren, dann ist das realistisch?"

„Ja", stimmte Winni zu, „für dich ist das ein realistisches Ziel."

„Also ich wiederhole", sagte Winni, das gesteckte Ziel muss realisierbar sein."

„Ja. O. k."

„Zweitens, das Ziel muss kontrollierbar sein."

„Was meinst du denn damit schon wieder?"

„Wenn ich sage, ich fahre nach Bonn, dann ist es – zumindest theoretisch – kontrollierbar, ob ich in Bonn war. Oder?"

„Ja, das ist richtig."

„Wenn ich aber sage, ich möchte glücklicher werden – ist das kontrollierbar?"

„Ja …, nein … vielleicht. Ich bin nicht sicher", sagte ich, „wie kann ich kontrollieren, ob ich glücklicher werde?"

„Das ist genau der Knackpunkt", freute sich Winni über meine Erkenntnis, „es ist eben nicht kontrollierbar. Ich kann eindeutig ‚kontrollieren', ob ich in Bonn war, aber nicht, ob ich glücklicher werde!"

„Na ja", wagte ich die Überlegung, „ich kann doch empfinden, ob ich nun glücklicher bin?"

„Subjektiv gesehen, ja. Also aus deiner Sicht ist das möglich. Allerdings objektiv betrachtet, also auf die Sache oder das Ergebnis bezogen – ist es eben nicht messbar."

„Ja, das sehe ich ein", antwortete ich, „ich muss mehr oder weniger nachweisen können, ob ich das Ziel tatsächlich erreicht habe. Im Fall von Bonn wäre das kein Problem."

Winni nickte.

Kurz später fuhr er fort: „Drittens gehört zur Zielsetzung ein Zeitfaktor."

„Was heißt das?"

„Ich muss wissen, bis wann das Ziel erreicht werden soll."

„Demnach wäre ‚Ich fahre nach Bonn' immer noch kein ausreichendes Ziel?"

„Erst dann, wenn ich den Zeitfaktor berücksichtige. Also, wenn ich sage ‚An diesem Samstag fahre ich nach Bonn'."

„Warum gehört die Zeitangabe dazu?"

„Stelle dir vor, ich sagte ‚Ich räume meinen Schreibtisch auf' …"

„Gute Idee", unterbrach ich.

„… wann räume ich ihn auf? Heute, morgen, in einem Jahr?"

„Aha. Klar, wenn ich sage ‚morgen', dann wäre übermorgen das Ziel nicht erreicht!"

„So ist es", stellte Winni zufrieden fest, „ich setze mich durch den Zeitfaktor sozusagen selbst unter moralischen Druck."

„Fehlt noch was?", wollte ich wissen.

„Ja."

Ich befürchtete es bereits.

„Nun gut. Was denn?"

„Nun, es muss eindeutig geklärt sein, <u>wer</u> das Ziel erreichen soll."

„Aber das ist doch schon so klar", rief ich aus.

„Nämlich?"

„Na, ich natürlich."

„Ja, und deshalb wird ein Ziel immer ich-bezogen formuliert."

„Also zum Beispiel ‚ich fahre nach Bonn'. Ich meine, ich fahre an diesem Samstag nach Bonn."

„Fast richtig."

„Nur fast richtig?", fragte ich etwas enttäuscht. Ich habe doch alles berücksichtigt. Es ist realistisch, nach Bonn zu fahren, Zeitfaktor ist dieser Samstag und ich-bezogen ist es auch. Also, Was macht das Wort ‚fast' aus?"

„Im Prinzip stimmt schon alles", beruhigte mich Winni, „aber wenn, dann geben wir unser Ziel hundertprozentig richtig an. Das geht so, indem die Zielformulierung als bereits erfüllt festgehalten wird."

Es fiel mir wirklich schwer zu verstehen.

Winni fuhr fort: „Wir sagen ‚An diesem Samstag habe ich mein Ziel erreicht und bin nach Bonn gefahren'."

„Scheint mir etwas kompliziert, oder?"

„Anfangs ja", gab Winni zu, „da unser Leben nicht aus nur <u>einem</u> Ziel besteht, sondern weil wir mehrere Ziele aufeinander bauen, scheint dieses System trotzdem Sinn zu haben. Zum Beispiel …"

Winni schnippte mit den Fingern und eine Tabelle erschien in der Luft.

11.	MO	
12.	DI	Ich habe ein Hotelzimmer für meinen Bonn-Aufenthalt gebucht.
13.	MI	Ich habe eine Fahrtkarte für die Fahrt nach Bonn gekauft
14.	DO	
15.	FR	
16.	SA	Ich bin nach Bonn gefahren.
17.	SO	

„Aha", staunte ich, „ja. Jetzt erscheint mir alles sinnvoller."

Winni freute sich. „Manchmal kannst du auch sagen ‚bis Mittwoch, den 13ten habe ich eine Fahrkarte gekauft. Damit hältst du dir die Option - also Möglichkeit - offen, die Fahrkarte auch schon vorher zu kaufen. Das würde dein Ziel, nach Bonn zu fahren, keineswegs gefährden."

„Alles ‚roger' – ich verstehe". Ich war stolz, das komplette System durchschaut zu haben.

„Natürlich gibt es kurzfristige und auch langfristige Ziele. Oft hat ein großes Ziel mehrere kleine Unterziele."

„Erst muss ich die Fahrkarte kaufen, dann kann ich mit der Bahn fahren", das erschien mir logisch.

„Weiterhin", ergänzte Winni, „immer wiederkehrende Ziele müssen nicht definiert werden."

„Zum Beispiel?"

„Zum Beispiel, wenn du dir jeden Morgen die Zähne putzt."

„Ach ja?", fragte ich belustigt und musste lachen.

Obwohl Winni plötzlich sang- und klanglos verschwunden war, machte ich mich an die Arbeit und stellte einige Ziele zusammen.

(Anmerkung an die Leserin und an den Leser: bitte füllen Sie u. a. Ziel-Liste aus).

Ziel	was?	bis wann erledigt?
1		
2		
3		
4		
5		
6		
7		
8		
9		

11. Das Selbst-Bewusst-Sein

„Hallo Sigi, aufstehen!"

Ich gähnte und war sofort wach.

„Hallo", begrüßte ich Winni freudig, „schön, dich zu sehen."

„Wie geht es dir heute Morgen?", wollte Winni wissen.

„Ich kann absolut nicht klagen", antwortete ich spontan, „mir geht es ausgesprochen gut."

„Das freut mich zu hören", sagte Winni

„Ja" strahlte ich, „bei diesem schönen Wetter heute wird das Treffen mit meinen Freunden bestimmt wieder lustig verlaufen."

„Das finde ich sehr schön, dass du dich mit deinen Freunden triffst."

„Weißt du, Winni, mir gehen so viele Dinge durch den Kopf, die ich verwirklichen möchte. Und ich habe den Eindruck, dass alles sehr gut laufen wird. Ich bin besten Mutes und voller Überzeugung über ein gutes Gelingen." Ich strahlte Winni an.

„Das freut mich sehr zu hören", sagte Winni und fügte hinzu, „ich habe den Eindruck, dass du deiner Zukunft mit vollem Vertrauen und selbstbewusst entgegensiehst?"

„Na klar", rief ich aus, „ich freue mich auf jede Herausforderung, mit der ich konfrontiert werde. Das macht den Reiz meines Lebens aus!"

„Ui, welch positive Lebenseinstellung", freute sich Winni mit mir.

„Na klar, ich weiß welchen Stellenwert ich in der Gesellschaft habe, ich habe mir Gedanken über mich gemacht und weiß deshalb auch, was ich kann."

„Das klingt sehr selbstbewusst." Winni schaute mich eindringlich an.

„Ich bin selbstbewusst! Ich weiß, wer ich bin und was ich will! Und …", fügte ich hinzu, „ich weiß, was ich erreichen werde. Ich bin stolz auf mich: Ich bin froh, dass ich da bin." Tatsächlich spürte ich ein unbeschreibliches Glücksgefühl in mir, das ich schon lange Jahre nicht mehr empfunden hatte.

Winni unterbrach meine Gedanken. „Sigi", sagte er bedeutungsvoll, sodass ich mich aufmerksam in meinem Bett aufrecht hinsetzte und ihn fragend anschaute.

„Sigi", fing Winni nochmal an, „ich sehe, dass du die Bedingungen zur Erreichung eines gesunden Selbstvertrauens erfüllst. Du hast dein Ziel erreicht – nämlich dir deiner selbst bewusst zu werden." Winni fuhr fort: „Ich bin außerordentlich zufrieden mit dir."

„Vielen Dank, Winni."

„Sehr gerne geschehen. Deshalb ist der Moment gekommen, dass ich - Winni - ein Produkt deiner eigenen Fantasie – in das Reich der Fantasien zurückkehre."

„Oh, nein", rief ich erschrocken, „du bist doch mein Freund!"

„Das höre ich gerne", gab Winni zu verstehen, wobei er sich verstohlen eine Träne aus seinen Augen wischte. „Du hast eigene Freunde, Sigi, und das sind deine realen, echten Freunde." Nach einer Weile fuhr er fort: „du bist selbstbewusst und wirst dein Leben ohne mich absolut gut meistern. Viel Glück – alles Gute – und denk' hin und wieder an mich."

Winni löste sich mit einem knallenden Zischen vor meinen Augen auf. Ich war zutiefst beeindruckt. Sehr viel hatte ich gelernt. Im Prinzip ganz einfach. Ich werde es schaffen! „Mach's gut, Winni", rief ich ihm nach, „und vielen Dank! Ich werde das Kind schon schaukeln."

ICH BIN SELBSTBEWUSST

„I AM A WINNER!"

ENDE

Stichwortverzeichnis

Knigge als Synonym und als Namensgeber

Umgang mit Menschen

*Suche weniger selbst zu glänzen, als andern Gelegenheit zu geben,
sich von vorteilhaften Seiten zu zeigen, wenn Du gelobt werden und gefallen willst*
Adolph Freiherr Knigge, aus dem Buch „Über den Umgang mit Menschen", 1788
(1752 - 1796)

Adolph Freiherr Knigge

Schon zu seinen Lebzeiten war Adolph Freiherr Knigge (1752 – 1796) umstritten. Knigge setzte sich durch sein energisches Eintreten für die Ziele der Aufklärung, so wie er sie verstand, scharfen Angriffen aus. Er arbeitete als Romanschriftsteller und Satiriker sowie als politischer Schriftsteller. Er gehörte den Freimaurern an. Heute ist Knigge vor allem seines Buches wegen ‚Über den Umgang mit Menschen' (1788) bekannt. Und zwar deswegen, weil sein Werk als Etikette-Buch angesehen wird.

Knigge verdankt seinen heutigen Ruf und Erfolg aber einem Missverständnis. Denn: Das Werk Adolph Freiherr Knigges gilt als Etikette-Buch ersten Rangs. Allerdings beschreibt Knigge keine Regeln wie mit Besteck umzugehen ist oder das Verhalten bei Tisch, stattdessen offenbart er eine praktische Lebensphilosophie im Umgang mit Mitmenschen. Er gibt Anleitungen und Anregungen, wie mit seinen Mitmenschen richtig umzugehen ist. Knigge hoffte damit, dass die Menschen glücklich und froh miteinander leben könnten. Sein Buch erschien 1788 und war schon kurze Zeit in fast allen Haushalten zu finden. Über 200 Jahre lang prägte sich sein Buch im Bewusstsein der Leser als praktisches Handbuch über gutes Benehmen ein.

In drei Teilen seines Buches hat Knigge über den Umgang mit verschiedenen Menschengruppen geschrieben, zum Beispiel:

- Über den Umgang mit Leuten von verschiedenen Gemütsarten, Temperamenten und Stimmungen des Geistes und des Herzens (Erster Teil, 3. Kapitel)
- Über den Umgang mit Frauenzimmern (Zweiter Teil, 5. Kapitel)
- Über die Verhältnisse zwischen Herrn und Dienern (Zweiter Teil, 7. Kapitel)
- Über das Verhältnis zwischen Wohltätern und denen, welche Wohltaten empfangen; wie auch unter Lehrern und Schülern, Gläubigern und Schuldnern (Zweiter Teil, 10. Kapitel)
- Über den Umgang mit den Großen der Erde, mit Fürsten, Vornehmen und Reichen (Dritter Teil, 1. Kapitel)
- Über die Art, mit Tieren umzugehen (Dritter Teil, 9. Kapitel)

Obwohl es heute klar ist, dass Knigge anderes verfolgte, als wir unter seinem Namen verstehen, soll ‚Knigge' als Synonym für den Bereich stehen, dem sich das vorliegende Buch widmet.

12 Ratgeber in der kleinen Knigge-Reihe

Der kleine ...-Knigge [2100] (Je € 9,70; 88 Seiten, 12x19 cm, kartoniert)

Anstands- und Banausen-Knigge [2100]

Business- und Kunden-Knigge [2100]

Büro- und Kollegen-Knigge [2100]

Gäste- und Gastgeber-Knigge [2100]

Gesellschafts- und Freunde-Knigge [2100]

Outfit- und Stil-Knigge [2100]

Interkulturelle- und Auslands-Knigge [2100]

Bewerbungs- und Vorstellungs-Knigge [2100]

Event- und Feste-Knigge [2100]

Gastro- und Tischsitten-Knigge [2100]

Speisen- und Exoten-Knigge [2100]

Trinkkultur- und Getränke-Knigge [2100]

12 x kleines Handbuch der Rhetorik 2100

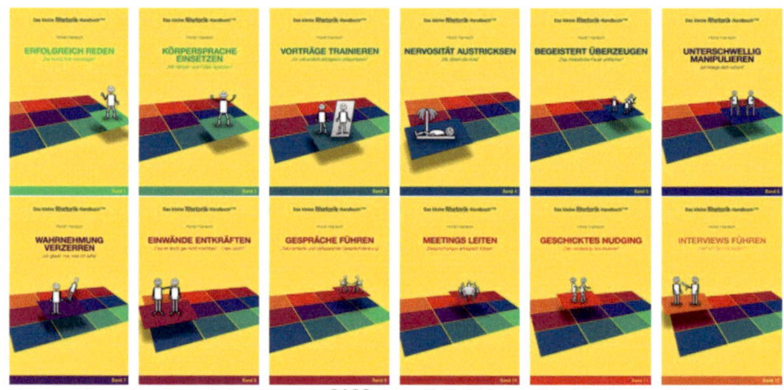

Der kleine Handbuch der Rhetorik [2100] (Je € 9,70; 100 Seiten, 12x19 cm)

Erfolgreich reden
„Die Kunst, flott vorzutragen"

Körpersprache einsetzen
„Mit Händen und Füßen sprechen"

Vorträge trainieren „Ich will endlich
erfolgreich präsentieren!"

Nervosität austricksen
„Mir zittern die Knie"

Begeistert überzeugen
„Das rhetorische Feuer entfachen"

Unterschwellig manipulieren
„Ich kriege dich schon!"

Wahrnehmung verzerren
„Ich glaub' nur, was ich sehe."

Einwände entkräften „Das ist doch gar
nicht machbar! – Oder doch?"

Gespräche führen „Zielorientierte und
zeitsparende Gesprächslenkung"

Meetings leiten
„Besprechungen erfolgreich führen"

Geschicktes Nudging
„Das versteckte Anschubsen"

Interviews führen
„Darf ich Sie mal fragen?"

4 Ratgeber in der Ego-Management-Reihe

Persönlichkeits-Management – Ego-Knigge [2100] Soft Skills, Selbst-Reflexion und Selbst-Bewusstsein
Stress-Management – Ego-Knigge [2100] Lampenfieber, Stressoren, Gerüchte, Mobbing, Burnout, Stressvermeidung

Zeit-Management– Ego-Knigge [2100] Umgang mit der Zeit, Organisation von Arbeitsabläufen, Perfektionismus, Zielsetzung
Gedächtnis-Management – Ego-Knigge [2100] Gehirn, Intelligenz, Schwachsinn – Hochbegabung, Gedächtnis, Lerntechniken.
Jeder Ratgeber € 14,90, 104 Seiten, A5, kartoniert

4 Ratgeber der Reihe Lebenseinstellung

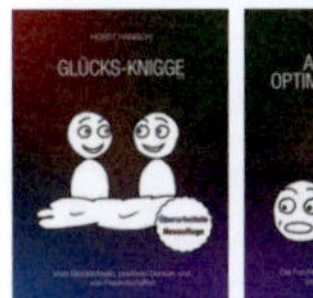

Aberglauben-Knigge [2100] Von schwarzen Katzen, der linken Hand des Teufels und den Glücksbringern
Lügen- und Egoismus-Knigge [2100] Überleben durch Flunkern, Schummeln und Täuschen! Macht, Respekt, Wertschätzung? Lebenslüge und Lebensschutz
Glücks-Knigge [2100] Vom Glücklichsein, positiven Denken und von Freundschaften
Angst- und Optimismus-Knigge [2100] Die Furcht beherrschen, Ängste nutzen und positiv durchs Leben gehen.
Jeder Ratgeber € 12,95, 160 Seiten, A5, kartoniert

3 Ratgeber Bräutigam, Braut und Brautpaar

Bräutigam-Knigge [2100] Verlobung und Polterabend, Schwiegereltern und das Ja-Wort, Hochzeits-Outfit und Hochzeits-Kutsche
Braut-Knigge [2100] Brautkleid und Accessoires, Das große Hochzeitsfest, Höhepunkte und Hochzeitstanz

Brautpaar-Knigge [2100] Historisches und Sonderbares, Planung und Organisation, Aberglaube und Hochzeitsbräuche.
Jeder Ratgeber € 15,90, 104 Seiten, A5, kartoniert

2 Ratgeber Selbst-Coaching

Selbstbewusstsein Knigge [2100] Ich bin, ich kann, ich will. Das eigene Leben bestimmen, Soft Skills, The Winner 1.
Selbstwertgefühl Knigge [2100] Steh auf! Werde aktiv! Zeige Profil! Das eigene Leben beeinflussen, Motivation, The Winner 2.

Selbstoptimierung Knigge [2100] Optimistischer, attraktiver, authentischer. Das eigene Leben gestalten, Ansprüche, The Winner 2.
Jeder Ratgeber € 12,95, 120 Seiten, A5, kartoniert

Leben und Lifestyle

Adam allein auf der Welt Knigge [2100] Ein Buch mit Bildern vom ersten Menschen, seinen Gedanken und seiner Körpersprache, € 14,95; 104 Seiten, A5, kartoniert, ca. 155 Fotos

Jugend-Knigge [2100] Knigge für junge Leute und Berufseinsteiger, € 15,90; 152 Seiten

Zukunfts-Knigge [2100] Verfall der Sitten und Verlust der Wertschätzung? Umgangsformen in 100 Jahren. Zusammenleben mit Menschen, Maschinen und menschenähnlichen Robotern, € 14,95; 172 Seiten A5 kartoniert

Wertschätzung-Knigge [2100] Gleichberechtigung, Gender und Respekt, Sexuelle Orientierung, Umgang bei Diskriminierung und Mobbing, € 14,95; 152 Seiten A5

Das kleine Knigge-Quiz [2100] € 9,70; 96 Seiten, 12x19 cm, kartoniert

Hochzeits-Knigge [2100] Hochzeitsbräuche, Geschenke, Brautjungfer, Trauung, Festgäste und Festmahl, € 29,95; 310 Seiten A5

Ü65- und Senioren-Knigge [2100] Die junge Alten und die alten Jungen, Kommunikation und Verständnis zwischen den Generationen, Einsamkeit und technischer Fortschritt, € 19,95; 180 Seiten A5

Blumen-Knigge [2100] Historisches, Mystisches, Festliches, Blumen-Sprache, Umgang mit Blumen-Präsenten, € 19,95; 144 Seiten A5

Bekleidung! Ausdruck der Persönlichkeit – Lukas' Outfit-Knigge [2100], € 19,95; 196 Seiten A5

Nudel-Knigge [2100] Himmlische Teigwaren, € 17,95; 140 Seiten A5

Der Interkulturelle Kompetenz-Knigge [2100] Kultur, Kompetenz, Eindrücke – Gesten, Rituale, Zeitempfinden - Berichte, Tipps, Erlebnisse, € 29,95; 240 Seiten A5

China-Deutschland-Knigge [2100] Chinesen in Deutschland, € 12,90; 104 Seiten A5

Dschungel-Knigge [2100] Umgang in ungewohnter Umgebung, € 23,95; 192 Seiten A5

Der Dicke-Knigge [2100] Aus dem prallen Leben des Dicken, € 15,90; 104 Seiten A5

Typisch Frau – Typisch Mann Knigge [2100] Unterschiede und Gemeinsamkeiten im Umgang mit dem anderen Geschlecht, € 12,95; 128 Seiten A5

Kulinarischer und Gastronomischer Knigge [2100] Von Events, Feiern, Aperitif über Esskultur, Speisen und Getränken zu zeitgemäßen Tischsitten, € 26,50; 284 Seiten A5

Klo- und Pinkel-Knigge [2100] Vom privaten und öffentlichen Bedürfnis - Umgangsformen im Tabu-Bereich, € 13,50; 104 Seiten A5

Omi hüpf' mal Märchen meiner Großmutter, Erlebnisse ihre Jugend und wahre Geschichten meines Vaters von und über Omi Rickchen, Hardcover, € 29,95; 312 Seiten

Der Hunde-Knigge [2100] Umgang mit dem Hund – Hundesprache – Der Hund in der Gesellschaft, € 17,95; 180 Seiten A5

Welcome to Germany-Knigge [2100] Umgangsformen, Verhaltensmuster und gesellschaftliches Miteinander im deutschsprachigen Europa, € 11,99; 108 Seiten A5

Besuch willkommen Knigge [2100] Einladung, Gast, Geschenk, Empfang, Feier, Gastfreundschaft, € 14,95; 200 Seiten A5

Mensch, Macht, Mörder [2100] Verfall der Umgangsformen?, € 14,90; 260 Seiten A5

Leben, Tod und Ansichten Austausch mit Berühmtheiten über Wichtiges und Unwichtiges im Leben, € 12,95; 116 Seiten A5

Leben, Tod und Überlegungen Austausch mit Berühmtheiten über Größe, Ewigkeit und Spaß im Leben, € 12,95; 116 Seiten A5

Tod, Trauer, Totenkult-Knigge [2100] Sterben, Trost, Takt, Bestatten, Tradition, Vorsorge, Tabus, Vergänglichkeit und Sonderbares, € 17,95; 212 Seiten A5

Corona-Knigge [2100] Umgang mit dem Virus, € 9,70; 88 Seiten 12x19, kartoniert

Leben und Lifestyle

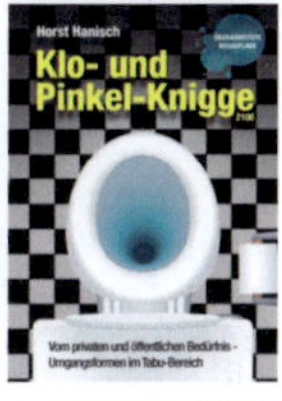

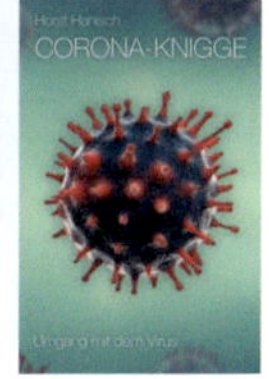

Rhetorik, Soft Skills, Hochschule, Beruf

Rhetorik ist Silber Von den ersten Schritten zu einer perfekten Präsentation, € 17,90;
144 Seiten A5, kartoniert, Zeichnungen
Moderation ist Gold Gesprächsführung, Umfragen, Talkrunden und Manipulation,
€ 17,90; 144 Seiten A5, kartoniert, Zeichnungen
Lebhafte Körpersprache in Vorträgen, Präsentationen, Gesprächen, € 17,90; 144
Seiten A5, kartoniert, ca. 290 Zeichnungen
Rhetoric – Mastering the Art of Persuasion, € 22,90; 144 Seiten A5, kartoniert
Discussion – Mastering the Skills of Moderation, € 22,90; 144 Seiten A5, karto-
niert, Zeichnungen
Body Language in Europe, € 22,90; 144 Seiten A5, kartoniert, ca. 290 Zeichnungen
Körpersprache – Lüge, Verrat, Macht, Im Beruf, vor Gericht, beim Flirt – Gewinner-
pose und Demutshaltung – Drohung und Zuneigung; € 29,95; 364 Seiten A5, karto-
niert, über 400 Zeichnungen
Das große Buch der Rhetorik [2100] Tacheles reden; Präsentieren; manipulieren und
überzeugen, € 37,45; 332 Seiten A5, kartoniert, viele Darstellungen
Trickreiche Rhetorik [2100] Psychologische Gesprächsführung, manipulierende Darstel-
lung, unaufdringliches Nudging, € 37,45: 300 Seiten A5, kartoniert, Zeichnungen
Soft Skills-Knigge [2100] Soziale, Persönlichkeit, Selbstmanagement, € 37,45;
324 Seiten A5, kartoniert, viele Darstellungen
Schlagfertigkeit-, Spontaneität-, Stegreif-Knigge [2100] Impulsiv handeln, verbale
Angriffe kontern, Störungen entwaffnen, € 13,50; 104 Seiten A5
Pitch Skills und Überzeugungs-Knigge [2100] Elevator Pitch, Geldgeber beeindrucken,
Feuer versprühen, € 13,50; 128 Seiten A5, kartoniert
Smalltalk-Knigge [2100] Vom kleinen Gespräch bis zum charmanten Flirt - Kontakt aus-
bauen, Sympathie zeigen, Begehrlichkeit wecken, € 13,50; 100 Seiten A5
Quassel-Knigge [2100] Quasseln, Quatschen, Quengeln oder Lebenswichtige Kommuni-
kation – Gezielt eingesetzte Rhetorik – Aussagekräftiges Profil zeigen, € 13,50;
112 Seiten A5
Studenten- und Hochschul-Knigge [2100] Studentischer Umgang in und außerhalb der
Uni, 132 Seiten A5, kartoniert, Fotos
Jugend-Karriere-Knigge [2100] Schule und Studium, Netzwerk und Klüngel, Erfolg und
Risiken, € 19,95; 224 Seiten A5, kartoniert, Zeichnungen, Checklisten
Bewerbungs-Knigge [2100] **für Frauen – Tina bewirbt sich / Bewerbungs-Knigge**
[2100] **für Männer – Tom bewirbt sich**, Vorbereitung, Wahl der Kleidung, Verhalten
beim Bewerbungsgespräch, je € 19,70; 128 Seiten A5, kartoniert, Fotos, Checklisten
Online-Bewerbungsgespräche-Knigge [2100] **Vorstellungsgespräche auf Distanz –
Tina und Tom bewerben sich digital**, € 15,95; 128 Seiten A5, kartoniert, Zeichnun-
gen
Kreativitäts-Knigge [2100], Visionärhaft denken, Scheuklappen sprengen, Mentales
Risiko eingehen, € 14,95; 164 Seiten A5, kartoniert
Team und Typ-Knigge [2100], Ich und Wir, Typen und Charaktere, Team-Entwicklung,
€ 14,95; 128 Seiten A5, kartoniert, viele Darstellungen
Die flotte Generation Y im 21. Jahrhundert, selbstbewusst – lebensbetonend – flexibel. Wie mit der Generation Y zielorientiert und erfolgreich gearbeitet werden kann,
€ 12,95; 116 Seiten A5, kartoniert, Zeichnungen
Die flotte Generation Z im 21. Jahrhundert, entscheidungsfreudig – effizient –
eigenverantwortlich. Wie mit der Generation Z zielorientiert und erfolgreich gearbeitet
werden kann, € 12,95; 140 Seiten A5, kartoniert, Zeichnungen
Telemeeting [2100], Digitale Konferenz, Online-Unterricht, Homeoffice, € 12,95;
104 Seiten A5, kartoniert

Rhetorik, Soft Skills, Hochschule, Beruf

Englisch:

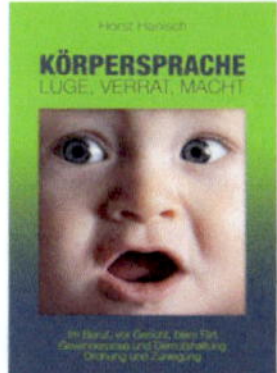   

  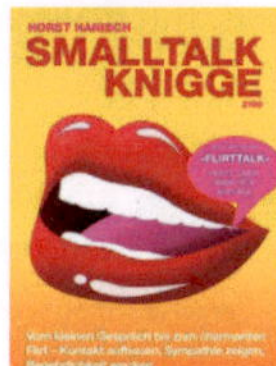 

  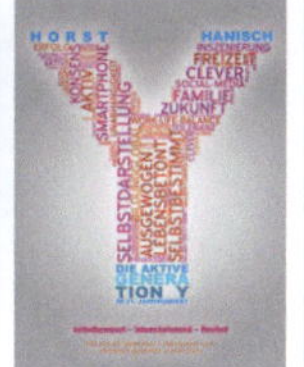 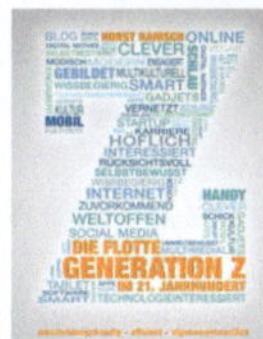 

Beratung, Coaching, Seminar

Wer hat nicht gerne mit Menschen zu tun, die selbstbewusst und selbstsicher mit anderen Menschen umgehen? Geschäftspartnern, die die elementaren Regeln des ‚Benimms' beherrschen, stehen die Türen zum Erfolg offen. Unternehmen, die neben ihrer fachlichen Leistung auch ‚menschlich' überzeugen wollen, bieten wir für ihre Mitarbeiterinnen und Mitarbeiter aktives Training im Umgang mit Kunden, Gästen, Kollegen und Gesprächspartnern an.

Auf unserer Website informieren wir Sie über unsere Angebote:

- Firmen-Internes-Training
- → Business-Etikette und das Lehrmenü
- → Präsentieren, Moderieren, Kommunizieren
- → Körpersprache und ihre Geheimnisse
- Offen ausgeschriebene Seminare
- → Teuflische Rhetorik
- → Flottes Reden vor und zu anderen

- → Der erste Eindruck
- → Ladies Power
- Individuelles Einzelcoaching
- → Authentisches Auftreten
- → Dress for Success
- → Verhandlungstechniken
- → Persönlichkeit
- Interkulturelles Training
- Freundlichkeits-Checks in Unternehmen

- Workshops
- → Soft Skills Team-Training
- Intensiv-Training für
- → TV-Auftritte
- → Vorträge
- → Präsentationen
- → Reden
- Fachliteratur und Arbeitsunterlagen
- Vorträge/Speaker
- → Vor kleinem und vor großem Publikum

Individuelles Coaching für Einzelpersonen: Und, wer es ganz individuell mag, greift zurück auf ein Einzel-Coaching, auch als Online-Coaching. Hier werden ganz persönliche Herausforderungen angegangen, mit Themen wie:

- Interkulturelle Kompetenz
- Selbstsicheres Auftreten
- Präsentations-Techniken
- Erfolgreiche Verhandlungsführung

- Der Erste Eindruck
- Bewerbungstraining
- Rhetorik und Überzeugungskraft

und andere Themen – direkt auf die besonderen Bedürfnisse des Einzelnen zugeschnitten. Besuchen Sie uns auf www.knigge-seminare.de

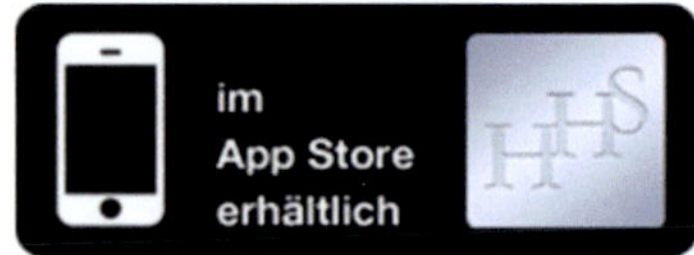